術數述異

紫微楊 著

天地
www.cosmosbooks.com.hk

書　　名　術數述異
作　　者　紫微楊
責任編輯　郭坤輝
美術編輯　楊曉林
出　　版　天地圖書有限公司
香港皇后大道東109-115號
智群商業中心15字樓（總寫字樓）
電話：2528 3671 傳真：2865 2609
香港灣仔莊士敦道30號地庫／1樓（門市部）
電話：2865 0708 傳真：2861 1541
印　　刷　美雅印刷製本有限公司
香港九龍官塘榮業街６號海濱工業大廈4字樓A室
電話：2342 0109　傳真：2790 3614
發　　行　香港聯合書刊物流有限公司
香港新界大埔汀麗路36號中華商務印刷大廈3字樓
電話：2150 2100 傳真：2407 3062
出版日期　2019年5月 初版／再版・香港

ISBN：978-988-8547-80-7

心古不投塵世好　道高方信布衣尊

紫微楊近照，其身旁之對聯為已故國學大師饒宗頤教授所書贈紫微楊者。

作者簡介

楊君澤先生，人稱「紫微楊」，精通多門中國術數，對「紫微斗數」及風水學均別具心得，「紫微楊」之名早已不脛而走。在香港喜研術數者，幾乎無人不識。

楊君本身為一名報人，曾任本港多間報社編輯（包括《明報》編輯主任），以研究術數為業餘興趣。他退休已經三十多年，年近九十耄耋之年，仍閉門沉醉於研究術數為樂事。

紫微楊共有九部著作，其早期的八本已合而成為「紫微楊·術數系列」，極為暢銷。現再在晚年重新修訂他的九本著作，將合而成為新的「紫微楊·術數系列」，由天地圖書重新出版，堪稱難得之作。

蔡序

術數中西均有，每年歲首，各國通訊社亦必遍訪各國預言家，以問歲之吉凶，發佈新聞，播於世界，而中外報章，咸予刊登焉。預言家者，術數之專家也，而各家均有其運籌術算之法，其奧妙非外人所能識，僅以其應驗而評其高下。大抵其應驗率高，即謂其術登峰造極而已。故世之談術數者，亦以應驗為本。

楊子所著《術數述異》，其內容亦取應驗之術數，詳為分析介紹，其中皆為真人真事，且發生於本港者。讀之如讀香港之掌故，亦知術數之奇妙；若深入研究，且可知術數之運算方法。誠為深入淺出，趣味與哲理無窮之作。讀者詳為研讀，當知吾言不謬也，是為序。

蔡伯勵

乙丑孟冬吉日

何序

術數之學，博大精微，使我們對人生有更深的認識。每一門術數的起源，都可能是神秘莫測的。但是每一門經得起考驗的術數都有相當精密的系統，有些不懂得術數的人，每喜歡詆毀術數，視術數為無稽之談。其實，只要他們虛心研究一下，便會明白到術數的奧妙了。

楊君澤先生（人稱紫微楊）精通術數之學，而且多識掌故。這次楊先生搜集掌故成書，除了增加我們茶餘飯後談話的資料外，還足以加深一般讀者對術數的認識和興趣。可以說，《術數述異》是一本寓教育於娛樂的書。

何文匯博士

自序

在這個「紫微楊術數系列」中，合共有九部我的著作，其中最早完書的一部是《紫微閒話》，於一九八五年出版，至今轉瞬已逾三十年，而最後一部《紫微徑》，則於二〇一〇年面世，至今亦已接近十年。

換句話說，這九部著作，前後共寫了超過三十年才完成。而最早的幾本如《紫微閒話》及《術數述異》等，亦早已斷版多年。

直至二〇〇四年，家兄楊善深去世後，我在《明報月刊》寫了一篇悼念的文章。感慨良深，特別對文章開始時我引用古人的幾句話：「年壽有時而盡，榮樂止乎其身。」

由那時起，我就重讀一遍我過去的著作，覺得有許多地方的錯漏值得修訂及應該加以增刪潤飾。

特別在《術數述異》及《蕉窗傳燈錄》兩書的增刪最多。《術數述異》所新增的篇章，是這二十多年來在本港發生的一些駭人事故。而《蕉窗傳燈錄》則新增了「術數與通靈」及「玄空瑣記」兩篇章。

現在，這九部著作，每月再版一本，以新「紫微楊．術數系列」的名字再版，希望如過去一樣，同樣得到讀者的支持。

同時亦感謝天地圖書公司的編審工作人員，花了很長時間的籌備工作，使新的「紫微楊．術數系列」得以在今年內逐本與讀者見面，謹此致謝。

紫微楊　謹識
乙亥年初春吉日

目錄

蔡序 …… 5
何序 …… 6
自序 …… 7

第一章　災禍劫數

蘭桂坊慘劇的風水解釋 …… 20
玄學角度看——嘉利大廈大火 …… 23
火災、劫數 …… 26
斗數預言水險 …… 30

遷居半山難逃厄運……35

第二章　婚姻感情

風水也有桃花……40
天同化忌婚姻破裂……43
天同化忌夫妻不和……47
石山鎮壓夫妻和好……50
熱鬧的夫妻宮……54
歡場女子是命定的嗎？……56
數中注定夫妻分居……58
命中注定異族通婚……62

淺論「緣」 66

第三章　家宅運勢

動五黃氣子女受傷 72
「寡婦屋」解拆妙法 75
斗數看出家宅問題 77
星盤顯示長輩病故 82
家人昏迷風水魚擋煞 86
星盤顯示買屋麻煩 90
搬家也有星象顯示 92

第四章　子女禍福

兩兒分離無奈何 …… 96
火燒天門兒子忤逆 …… 100
斗數算出兒子被拐 …… 102
擇時辰剖腹產子 …… 106
選吉時產子亦講風水 …… 108
斗數算出升學問題 …… 110
星盤注定難有子息 …… 112
白星齊到喜告添丁 …… 115
三煞會照添丁夭折 …… 119
四煞並照終告流產 …… 122

子女宮顯示血光之災……126

第五章　疾厄意外

斗數算出風流病……130
斗數看出皮膚病……134
星盤顯示患腫瘤……136
安錯床位兒子多病……140
安錯床引致腹痛……142
手臂瘦痛風水攸關……144
牙痛也是命中注定……148
頭暈找不出病因……150

被蛇咬傷有定數 …… 153
斗數看出有車禍 …… 155
斗數看出池魚之殃 …… 157
壽元已盡風水無助 …… 159
壽元已盡添壽之例 …… 161

第六章　事業財運

劫數難逃 …… 166
辭職顯示在星盤中 …… 170
滿腹牢騷自尋煩惱 …… 174
從奴僕宮看合夥情況 …… 176

炒股票……180
斗數顯示有破財事（上）……183
職員作弊提去巨款（下）……185
斗數看出遠行失竊……187
斗數可算出財運……189
文昌化忌見財化水……192
昌曲化忌入財帛宮……194

第七章　風水玄機

掛風鈴招來噩夢……198
算出申請離境成功……202

三叉八卦是否擋煞 …… 205
天理在風水變 …… 207
風水催動紅鸞星 …… 211
風水有力救戲院 …… 215
醫生不怕病？ …… 219
律師不怕官非？ …… 221
斗數風水孰為重要？ …… 224

第八章　術數雜談

審其外形知其星盤對錯 …… 228
星曜影響失眠 …… 230

斗數算出大秘密……234
官符相照有官非……237
解官非兩術並用……239
星象顯示為友出賣……242
拜師學藝須知……246
各門術數各具本領……248
斗數算出領遺產……251
兒子患了「抑鬱」……254
養鬼仔？……257
半個神仙？……259
結語……261

第一章

災禍劫數

蘭桂坊慘劇的風水解釋

一九九二年的除夕夜，中環的蘭桂坊聚集了二萬多人在準備慶祝新的一年來臨，進行倒數，不料人流太多和太擠迫，而人群中又有人用噴霧器把噴霧噴向人群，又有人用啤酒互潑，不一刻，人群中大亂起來，人們互相走避，結果就弄成了人踩人而傷亡多人的悲劇。事後計算共有二十餘人死亡，三十餘人受傷。

這個案發生之後，不少人問過我，在風水學上是否可以解釋。

在我個人認為，在風水學的理論上，是可以解釋為甚麼蘭桂坊在當年那段時間會發生這樣的慘劇！

以玄空學（風水學的學名之一）的理論來說，許多人都知道二黑與五黃這兩顆凶星飛到的地方，自然是易於發生災難的。但有一點最值得注意的，是有沒有三煞同到，三煞好像是二黑與五黃的藥引，有了它就極容易出事。

以地理環境來說，蘭桂坊整條斜路是坤艮向的，也就是說上端是西南方（坤），下端是東北方（艮），事發當年是壬申年，當年是八白入中宮，所以坤宮是五黃，艮宮是二黑，便屬二五同途，但這還不重要，最重要的是當年為壬申年，三煞在南，而蘭桂坊的上端入口是在南方，下端出口在北方。

二五同到再加三煞入口，已是危機深藏，而事發時在陽曆的除夕夜，在農曆來說還在十一月，未交小寒，所以月飛星是一白入中，五黃又再到南，是故藥引已足，若再細算日飛星，當可知玄空學之利害。

許多學過風水的人不免會問，那麼是否凡八白入中之年蘭桂坊都要小心呢？那也不一定，舉例來說，如一九八三年癸亥年，也是八白入中，但當年的三煞是在西，再近年如二〇〇一年辛巳年也是八白入中，但三煞在東，都沒有大事發生，可見三煞的重大作用。

但到二〇一〇年庚寅年就該特別小心了，因為該年八白入中，三煞在北，是三煞到另一端的出入口。

因有前科，警方在當年已特別注意加緊人群分流的防範措施，結果平安渡過了。

玄學角度看——嘉利大廈大火

本港開埠以來最嚴重的一次火災，是發生在九龍彌敦道的嘉利大廈，燃燒達二十一小時，造成四十人死亡，八十一人受傷。

事發於一九九六年十一月二十日，農曆是丙子年十月十九日。

此次大火慘劇，所有傳媒均有大篇幅的報道，也有傳媒去找些江湖上的風水先生，問他們這次大火有沒有風水上的理由。

據記憶所及，似未有人真正好好的解釋一下風水上的原因，且有人更說因為對面有紅色光管招牌射着該大廈，所以發生火災云。這位人士可說對風水所知甚少了，整條長長的彌敦道，不知有多少紅色的光管招牌，那為甚麼又不見其他大廈火災呢？

因這次的大火災，各方矚目，我的學生當年也曾問過我，風水學上是否可以解釋？我給他們的答案是這樣的——

嘉利大廈是六運建成的坐西向東的大廈，照飛星來看，是二六到向首，而左邊近十字馬路的艮宮（東北）是二七，懂玄空學的朋友一看已知是先後天火同到艮震之間，而最重要和最特別的一點是，大廈的入口在巽宮（東南），一條長廊式的通到離宮（南）而至近乎坤宮（西南）方之間設電梯。而巽宮屬木，飛星三七；離宮屬火，飛星三八，已有木助火威之嫌。

到了丙子年（一九九六年），年飛星四入中宮，那麼向前與艮宮（東北）即成二七同到，是為先後天火又再到，而巽宮入口（東南方）飛星是三，亦有木助火威之力。

到農曆十月事發時，月星二入中，向前再有屬火之九飛到，而當年三煞在南，剛好在電梯附近位置，所以在該段時間修理電梯，就好比把藥引燃點，一下子就燎原了！

有人不免會問，那麼旁邊及附近的大廈也是坐西向東，同一方向的大廈為甚麼又不會有火災？

最重要的原因該是其他大廈的入口與嘉利大廈的入口不同。嘉利大廈是在巽宮（東南方）入口，木助火威，且若非有長廊伸展至大廈南邊部位，情況亦會好一點。其他大廈開中門入口或在艮宮（東北）入口的，則可避過木助火威和三煞到南的助紂為虐。

記得以前有類似的屋宇，請真正的風水名家勘察，名家教屋主在巽方入口處設一水池，其道理就是使濕木不能生火，截斷火之源從而減低火災的危險。

所以我常說，風水名家能助人逃過劫數，是積德也。相反靠騙人來發財的，結果如何，也不必我說了！

火災、劫數

紫微斗數對一些突發事件，很多時會有很準確的顯示，如火災、盜劫等。

筆者有一位朋友，大家稱他為老余，是做針織廠的。在一九八三年癸亥年年初之時，他曾請筆者替他算命。

星盤列出後，清楚的有兩點顯示，第一是該年不宜賭錢，逢賭必輸；第二是會遇到火災。

當時我就對他說：「根據星盤顯示，你是相當爛賭的，但今年不宜賭錢，屬逢賭必輸格局，但要你不賭又很難，那麼最好注碼小一些，輸了當作付出娛樂費可也。

第二，田宅宮貪狼星雙化忌遇到火星，必然會遇到火災，看來你的工廠要加強注意防火，最好要買火險，以防萬一。」

結果，老余賭錢輸足一年不在話下，而他的工廠亦在六月時發生火警，全廠付諸一炬。

不幸中之大幸是，在年初時剛好他工廠的火險到期，保險公司派員與他談續保，當時由於他腦海中有火災之險，結果加保了五十萬元，合共買了一百五十萬元火險。在火災之後，保險公司賠償給他一百三十萬元，使他有足夠的現金重新建廠。

自此之後，老余對紫微斗數十分信服，每年的年初都邀我替他看一次流年，而且查問甚詳。是見過鬼怕黑也。

一九八四年底，替一位朋友江先生算紫微斗數，星盤列出後，發現他踏入一九八五年後，武曲星化忌走到田宅宮兼遇煞星，記得當時對他說：「踏入八五年牛年，有兩件事須要注意，第一不宜置業，第二慎防家宅或公司被人打劫，其餘生意與財運均無礙，但如置業，則必然會引起紛爭。」

江先生聽我說後便問我：「不置業這個容易，但說會遇到打劫之事，除了小心防範之外，風水是否可有補救之道。」

因為江先生過去常聽我說風水對某些小問題是有解拆之力，所以才提出此問。我當日就對他說：「風水是可以減輕遇劫程度，但要完全避免可能沒有辦法。因為命中如此也。」

他於是央我去替他的工廠及住宅看風水，但我當時甚忙，無法抽身。結果他找到另一位名師去替他的工廠及住宅看風水，那位名師教他在工廠內做了很多手腳，及在入門處養一缸魚，是六條黑摩里，另外住宅的入門處掛一風鈴。

到剛踏入一九八五年，在年初八的下午我即收到江先生的電話，他說他的工廠大廈昨晚被人爆竊，樓上樓下幾間工廠損失很大，只他的工廠損失最小，只失去幾把電剪和一些雜物，是不幸中之大幸了。

紫微斗數之應驗於此可見一斑，而那位風水名師亦確有功力。

斗數預言水險

在紫微斗數的古書中，有一首《太微賦》十分著名，流傳亦廣，其中有一句是「破軍暗曜同鄉，水中作塚」。但對紫微斗數的星曜分佈熟悉的人，都知道破軍星與巨門星是永遠無法同宮的，所以這句說話變成不可解。

又一說破軍星與文曲星同宮，遇到文曲星化為忌星時，就要特別小心水險。

因為要說有關水險的故事，所以將紫微斗數對水險的看法，提出來討論一下。

破軍星是永遠不會化為忌星的，而古書所載的與暗曜同宮，雖然一般的以巨門星為暗曜，但由於破軍星與巨門星永遠不會同宮，所以，可以知道那必定是印錯。

那麼水險既非為破軍星化忌所致（因破軍星永不化為忌星），也非與巨門星同宮（因這兩星永無可能同宮）。

所以，就有人認為遇到水險，是破軍星會合了化忌星所致，而會合文曲星化為忌星的可能性最大。

只是在多年之前，筆者見過一個朋友的星盤，流年（並非大限）剛好走到破軍星與文曲星化忌同宮，當年他真的有水險，是游水突然抽筋，幾乎遇溺，幸及時為人救回，只是有驚無險。

由此可以知道，這兩星在流年相遇已有此險，如果大限相遇，情況就會更加嚴重也。

現在再說一個更離奇的水險故事，使讀者明白一個人的禍福，有時確是似有定數的。這個故事是我在還很年輕的時候從鄉中親戚的口中聽來的。

話說在廣東省沿海的一條村落，物產豐富，允屬魚米之鄉，鄉人生活都過得很好，鄉中的廟宇，香火亦甚為鼎盛。

據說鄉中有一間廟宇，供奉的是甚麼菩薩已忘記了。但那廟宇有一位廟祝，卻是精於算命者，鄉人很多都請他算過，口碑極佳，所言之事亦多應驗，生意自是滔滔。

鄉間的女子，一般都是早婚的，這是農業社會使然，不少女子還不夠十八歲就已嫁人。

當時同鄉中有一位姓何的女子，頗具姿色，年過廿五仍未嫁人，在當時來說是遲婚的了。她的父母漸而着急，但女兒眼角高，對鄉中男子無一肯付以青睞。

她的父母有一天聽人說某廟宇的廟祝精於算命，夫婦兩人為了希望知道女兒何時可以出嫁，決定找那廟祝替女兒算一次命。

在某日，何氏夫婦兩人一同到該廟宇去，用紅紙寫了女兒的年生八字，要廟祝推算一下女兒何時可以出嫁。

廟祝推算一番後，沉思有頃。

隨着對何氏夫婦說：「你的女兒有水險，應在今年底，先過了此關再說。」然後再吩咐何氏夫婦，切勿讓女兒接觸水。

何氏夫婦聞語自是非常擔心，回家後就叮囑女兒千萬不要到海邊去遊玩，並說明在今年內不准女兒乘船，捕魚捕蝦之事更不准她去做，以防發生意外。

如是者一連過了幾個月，都相安無事。而何氏夫婦因得此獨女，所以戒心特強，並沒有因此鬆懈，仍然監管着女兒不准到海邊去遊玩，也不准她去捕魚和捕蝦捕蟹等。

就在年底之時，意外結果發生了。

有一天晚上，這位何姓的女兒覺得頭部很癢，認為是頭髮骯髒所致，乃用面盆盛了一盆滿滿的水，到廚房裏去洗頭。

何氏夫婦兩人當時在大廳閒談，亦沒有留意女兒洗頭之事。但見女兒捧了一盆水入廚房，久久不見出來，心中正在納悶奇怪，夫婦兩人乃入廚房去看看，不料不看猶可，一看當堂嚇得面青唇白，原來女兒的頭部仆浸在水中，似已窒息。夫婦兩人急扶起女兒，既替她搽藥油亦用盡急救之法，但已返魂無術了。

這時夫婦兩人都想起女兒常有頭暈之事，可能洗頭之際，突然頭暈，仆倒在面盆前，剛好頭部為水所淹而窒息死亡，竟應了廟祝之言，但在面盆的水中喪生，亦奇也。

遷居半山難逃厄運

話說在香港多年之前，有一位頗有名氣的富人。（在這個故事裏稱他為許先生，目的在隱去他的真實姓名。）

這位許先生當年在香港交遊甚廣，認識他的人很多。而許先生亦算是望族，他們夫婦兩人都篤信命理，常找人看相算命。

有一年，有一位從外地來的高僧，精於看相和看氣色，但架子很大，等閒不易為人看相，除非有相熟的人介紹，否則貿然求他看相的，必然碰壁。

由於這高僧曾預言不少人將會遭遇到甚麼事而十分靈驗，所以口碑極佳，而在上流社會幾乎無人不知道有這位高僧在港，不少人都輾轉相託的希望能得到高僧預言一下前程的休咎。

許先生夫婦既然是上流社會人物，交遊亦廣，自然亦知道此事，所以也千方百計的託人介紹，且不惜許以重酬。

終於，許先生夫婦得償所願，相約了時間地點前往會晤這位高僧。

話說他們見到高僧後，高僧對他們夫婦兩人審視良久，再問以出生年月日時，推算一番之後，低眉沉思。

最後高僧說話了，十分謹慎的說：「你們夫婦兩人都有水險，可能在三年之內發生，見水則宜避之，這是我的忠告。」許先生夫婦聞語愕然。

許先生夫婦聽到高僧說他們夫婦兩人三年之內有水險。回家之後，細細的思慮了一番，當時他們是住在海邊的地方，許先生認為可能因此而有事。

為了避免居住在近水的地方，夫婦兩人商量了許久，終於決定遷居為良。

但遷去甚麼地方好呢？許先生認為既然是怕水，那麼搬到半山區去居住應是很理想吧？

結果，夫婦兩人果然一致認為搬到半山去居住最為安全。同時，在三年之內既不去游水，到遠地去則盡可能乘車而不乘船，以為這樣可以萬無一失了。

不料，就到接近第三年將過去之時，許先生夫婦認為可以逃過劫數的時候。有一晚，忽然雷電交加，風雨大作，頓時豪雨傾盆，不少地方都出現水浸。

忽然間，半山區許氏夫婦住的地方，山泥傾瀉，大水如河流般沖激而下，把許氏夫婦的住所也摧毀了，而許氏夫婦也就死在這場大雨之中。

正是冥冥中似有定數，許氏夫婦由於要避過水險之災而搬到半山去居住，怎料人算不如天算，會發生豪雨成災山泥傾瀉之事，可見一個人劫數之來，往往非人之聰明所能避過者，許氏夫婦之遇難即一例也。

第二章

婚姻感情

風水也有桃花

命裏有桃花，風水也有桃花，通常命裏桃花重的人，住的地方也會是桃花甚重的。這是十分奇妙的事。

懂風水者，都知道二、四、七、九這四個數字的飛星是桃花，亦即坤卦、巽卦、兑卦、離卦，因這四個卦分別代表老婦、長女、少女、中女，全部是陰卦。

所以，如果有人所住的房子，上述四星到門，則可判這屋的主人必定桃花滾滾無疑。男人住到這種房子裏，肯定是歡場常客，夜夜笙歌的人物。

命裏桃花重的人，自然會住進桃花亦很重的房子，好像鬼遣神差似的。

筆者有位朋友，姑且名之為伍君，標準好色之人，雖已結婚，卻仍是歡場常客。他住的地方，筆者去過，從他的睡房開門而算，正是二、四、七、九均齊。

他的太太亦知丈夫個性，曾私下問筆者有何法可以拆去丈夫的桃花。

桃花是有可拆與不可拆的，有些住宅桃花甚重，但旺財。如果把桃花拆去，則財星亦會退去，以致家運變滯者也。

而伍君住宅的桃花是屬於不可拆的一類，但可解，如何解呢？加個假石山或瓷瓶之類在入門處，則桃花雖仍有，而不「纏身」矣，亦即無金屋藏嬌之虞。

伍君的太太自從把一個假的石山放在睡房的入口處，說也出奇，伍君果然有了不同之處。雖然仍然喜歡涉足歡場，但卻解決了「纏身」的問題。

本來伍君已有一名纏得甚緊的歡場女子，打算設「桃色中途宿舍」，作為上班與回家前的歇「腳」處，結果，這念頭不知如何打消了，而且不久，還與那名歡場女子分手了。

命運雖然無可改變，好色的人依然是好色，但風水略加左右，卻很多時是應驗的。

又如很多歡場小姐，她們除了命犯桃花之外，住的屋也奇怪往往是桃花甚重的。

天同化忌婚姻破裂

在紫微斗數中，天同星是一顆福星，所以最宜於守福德宮。但天同星也是可以化為忌星的，如果天同星化為忌星守命宮，則每多是不滿現實和較難感到滿足的人。

女性如果天同星化為忌星守命宮，再加上夫妻宮十分熱鬧的話，那麼就有極大的機會淪落風塵。

記得多年前曾經替一位陳小姐算過紫微斗數，她就是天同星化為忌星守命宮，而夫妻宮既見紅鸞星、天魁星、文昌星等，更會照到左輔、右弼，這樣的夫妻宮確實是太熱鬧。

夫妻宮無論男女，都是宜靜不宜熱鬧的，原因是夫妻關係是最私人之事，絕不宜有第三者參與其中。現在陳小姐的夫妻宮這麼熱鬧，可以斷定追求她的人甚多，使到她自己也不知所從。

在陳小姐要我替她算紫微斗數時，她是嫁了一位富商作為填房，生活已經十分優悠。本來，她是可以十分安樂的過一生的。但由於天同星化為忌星有不滿現狀的傾向，所以，她經常以自己的夫婿與別人的夫婿比較，常覺夫婿不夠俊偉，雖然有錢，常覺還欠一些甚麼似的。

那時我已看出她的心境，好言相勸，希望她能安於家室。當時她亦唯唯諾諾。但結果，一年後，發生了令人難以置信的事。

陳小姐由於經常覺得生活枯燥，對丈夫的不滿愈來愈大。

就在那一年，她竟與一名髮型師勾搭上了。據說她經常到一間髮廊去理髮，自己既喜歡髮型師之有型，而髮型師也覷準了她的心理狀況，結果暗中來往，發生了不可告人的關係。

初時，她由於對丈夫還有多少顧忌，所以只是偶然暗中相會，不敢放肆。但到後來，卻愈來愈大膽了。

終於此事傳到她丈夫耳裏，她丈夫初時半信半疑，遂請私家偵探徹查及希望能掌握其真正確實的證據。不料，據私家偵探的回報，他的夫人果然與人有私，而且拍得照片為證。

他掌握到證據後，便問陳小姐還有甚麼話可說，而陳小姐這時已經熱戀那位髮型師，覺得分手也無所謂，結果議定從此結束夫妻關係。

話說陳小姐與夫婿分手後，再經過一段時期，由於不事生產，手頭漸感拮据，而髮型師對她又漸漸冷漠。她這時便知髮型師不過是玩弄她，根本對她沒有感情，後來更查出原來髮型師已有了太太，決不可能與她結婚。

至此，陳小姐初而萬念俱灰，但由於她長得頗為漂亮，不乏追求者。漸漸，她也開始了遊戲人生，最後，覺得與其如此，不如索性投身歡場，而結果，她真的做了舞小姐了。斗數所顯示的現象，都應驗了。

天同化忌夫妻不和

紫微斗數與風水，是十分配合的。在紫微斗數的星象顯示有些甚麼事發生時，而風水方面也會出現相同的現象。

一九八〇年（庚申年）時替一位黃女士算紫微斗數，當年適好天同星化為忌星，而黃女士的星盤，則是天同星化為忌星之後進入夫妻宮，通常在這種情形之下，夫妻間會有不愉快之事。特別是女命，極易有感情上的困擾，而這種感情的困擾，每多是丈夫有外遇而致。縱使丈夫沒有外遇，也會時生摩擦。

當年黃女士算紫微斗數時，是在農曆十月左右，黃女士就因與丈夫時有意見相左和摩擦，所以，才立意算一下紫微斗數，以看是否會有離婚之事發生。

當日我替她列出星盤後就對她說，她與丈夫今年時有摩擦和感情不愉快之事，完全是因為流年遇到天同星化為忌星進入夫妻宮所致，並非大限遇到這種情形。所以，看來到明年立春之時，就會和好如初的了。力勸她忍耐下去，不要去想離婚的事。

黃女士聽我說後，沉思片刻，然後對我說：「既然明年可以有轉機，那麼我也可以忍下去，只是常聽人說風水方面對夫妻感情有助力，不知是否真的？」

最後她坦白地說希望我能替她看一次家宅的風水，期求減少夫妻間的摩擦。

當時我因為遠行在即，無法抽得時間替她看家宅的風水。於是我便對她說，香港有幾位很有功力的風水名師，而且說出了他們的名字，勸黃女士找他們看。

但我提示她一句話，紫微斗數的天同星，是相等於天上的鏡，所以，你可以留心一下家中有甚麼地方的鏡子位置安置得不對，這可能是有影響的。

而黃女士對我的說話也就默記在心。

到一個月後，我遠行回來不久，立即接到黃女士的電話，她在電話中對我說：「你真的料事如神，我請了你所說的風水先生看家宅風水，他說我們夫妻間的不和與摩擦常生，是因為床尾的一塊大鏡所致。現在已把這塊大鏡除去，而果然，我的丈夫對我比以前好得多了！」

而這時已接近過年，到了過年之後，黃女士又再打電話給我，除了說出她們夫妻已和在風水學來說，夫妻的睡床，床尾是十分不適宜有鏡的，特別是從鏡中可以看到腳板的，最易夫妻不和。但在床的兩旁有鏡則作別論。

從斗數中，黃女士因天同化忌進入夫妻宮而致夫妻不和，偏巧天同星屬鏡，事有湊巧如此者，亦奇也。

石山鎮壓夫妻和好

有些命中注定的事，在神差鬼遣之下，往往雖有風水的補助，有時當事人也會在不知不覺中予以破壞，而結果，命中注定的事出現了，這種事情屢見不爽，現爰舉一故事為例。

故事的主人翁是一名頗為漂亮的主婦，年齡約在四十歲間，廿餘歲時即已結婚，育有一子一女，丈夫姓蔡，為世家子弟，生意亦做得很大，照說這家人是十分幸福的。

記得在二十多年前，這位蔡太曾邀我替她算過一次紫微斗數，當時我發現她在即將到來的新運，天同星化為忌星守夫妻宮，通常天同星化為忌星守夫妻宮，是會有夫妻間感情上困擾之事發生，而且多是由於丈夫有外遇而起的。當時我只輕描淡寫的把這事告訴她。而再算斗數時是在她的家裏，她住的地方有園林之勝，我留意她住宅的風水，並心算出當年之前一年，家宅飛星二四七九同臨，是為陰神滿地，男主人必犯桃花之事，但眼看花園中有一巨大之石山，風水來說屬八白，可解去不少的桃花，縱使男主人浪跡歡場，也不會有事，不會纏上任何人的，最多只有一夜風流而過後就忘卻的事，不會為家庭帶來煩惱。但不久，蔡太有一天打電話給我，說她的丈夫最近變心了，而且有了新歡，已提出與她離婚，問我是否家宅風水變了，並約我去一看。

到約定了時間去看，果然使我大感奇怪。

話說蔡太住的地方，我清楚記得她的花園裏，是有一座石山的。但再去看時，那座石山卻不見了，我當時大感奇怪，便問蔡太那座石山去了甚麼地方。

蔡太這時才說出，原來在當年某日，風雨雷電交加，那座石山為雷殛中而碎成幾塊，所以搬了去天台安放。

這時我明白過來了，這座石山在風水學來說，是屬於八白，但移去之後，便使住宅的桃花得逞，丈夫因而有外遇。

計算起時間來，由搬走那座石山起計，亦吻合蔡太丈夫另結新歡的時間。

我把實際情況告訴了蔡太後，蔡太問我若把石山修補後放回原處，是否有同樣的功效，還是另外購置新的石山？我說修補後放回原處即可以。

結果，蔡太果然馬上請人修補碎成幾塊的石山，恢復原形放回原處。

果然，不久，她丈夫與新歡鬧翻了，重回蔡太的身邊，而且絕口不提離婚之事，夫婦和好如初，蔡太知道蔡先生亦偶然會與朋友涉足歡場，但覺得那不過是逢場作興的事，也沒有大興問罪之師，任其自由發展。

而此故事之奇，奇在本來風水有解救之力，但卻無意中破壞了，命中注定要有感情困擾之事，果也應驗了。

熱鬧的夫妻宮

夫妻宮不宜熱鬧，道理十分簡單，因為夫妻生活，理應屬於二人世界，不宜人多「加盟」，其理至淺也。

而左輔、右弼、天魁、天鉞等星，雖然是貴人吉星，同樣不宜走入夫妻宮。

因為左輔、右弼相等於左右手人物的助力，天魁、天鉞同屬貴人，這些星曜，如果進入事業宮則極佳，因為做事或創業，能群策群力，必然是事半功倍。而夫妻宮是屬「私人性質」的宮度，不宜熱鬧，更不須「群策群力」，但假若夫妻宮熱鬧，而命宮有天刑星或天空星的，反主清白。

因為有天刑星或天空星，個人自律性強，這時可看作追求者雖眾，但除了夫婿外並無任何人可得青睞。

至於紅鸞星，是主婚喜的星曜，所謂紅鸞星高照是也，一般人結婚之時，大多是會遇到紅鸞星的。

但如果紅鸞星一生都纏着你，在男性來說你容易得到異性的歡心，而對女性來說，則可能是煩惱來也。道理大家細想一下也是很容易明白的。

咸池星是主性慾的，與上述星曜一同走進夫妻宮來，亦非妙事。

見過不少歡場女子的星盤大致如此，是否注定呢？

歡場女子是命定的嗎？

有一位朋友，姑且名之為李君吧，有一天來找我，給了我一個女孩子的出生日期及時辰，要我替她算命，並說是她的女朋友。用紫微斗數列出星盤後，我立即發覺他是在說謊騙我。因為他的女朋友我見過一面，從她的型格，不用起星盤，已可猜得八九分是屬於甚麼星守命的。更記得她兩耳的輪廓生得很美，不用說童年生活定是不錯的。

但現在他給我的「命造」，從星盤顯示童年生活一定很苦，這一點已經與她的型格不符，幾乎已經可以否定李君要我算的命，並非他的女朋友的。

再細心看下去，夫妻宮桃花極重，紅鸞、天喜、天魁、天鉞、咸池、大耗、左輔、右弼都會照或守在夫妻宮裏，這樣的夫妻宮實在「太熱鬧」了。再加上命宮並無天刑與天空二星的解救，已經可以肯定這是風塵女子的命造，同時日、月反背，太陽再化為忌星，是為父母提攜無力，更易為男人所累。

於是我以半開玩笑的口吻對李君說：「你最近大概曾在歡場作樂，問一位曾有霧水姻緣的小姐取得出生日期及時辰來考我，可惡也！我一定把這事告訴你的女朋友，好讓她打翻醋醒來對付你！」

李君馬上瞠目結舌，半晌才說，風塵女子真是命中注定的嗎？

數中注定夫妻分居

多年前替一位姓伍的朋友算紫微斗數，發現他的星盤大限的夫妻宮遇到寡宿，通常夫妻宮有寡宿這顆星曜，如果三方四正的星曜不吉的話，則極有可能會發生離婚之事。而當年他的流年，剛好夫妻宮又遇到巨門星化為忌星，則夫妻間的爭吵自然頻頻了。

而伍君亦對我說，不知怎的踏入那年以來，夫妻間經常為一些極小的事爭吵，有時爭吵過後自己也莫名其妙，不知道為甚麼會為一些瑣事而吵得天翻地覆。

夫妻以和為貴，經常爭吵當然不是一件好事，而且爭吵得多對感情肯定會有破壞。

很多夫妻離婚便是由此而導致。

伍君見我說得準確，便問我有甚麼辦法，我記得當時對他說：「星盤發現有這樣的事情，就算求風水的助力，看來也不大，最多只能減少爭吵的次數而已，但仍會有不和的現象。」

從星盤來看，三月份時的氣勢最為惡劣，當時我建議他三月遠行一次，最好能去十天以上，使夫妻兩人分開一下，以避過最惡劣的氣勢。

伍君果然接受我的意見，認為夫妻小別也是一件好事，於三月初的時候向公司自動請纓飛去台灣，替公司接洽一單生意。

伍君飛去台灣，本來是一方面替公司接洽生意，另一方面想避一下星盤中夫妻爭吵之一事。

不料抵達台灣不到兩天，即接到公司的長途電話要他馬上回港，有重要的事等他處理。

伍君這時無可奈何，惟有立即束裝回港，回港後才知道原來公司有些以前接洽的生意，現在有了收成，要他回來檢視各項細則及簽約等。

而更奇怪的是，自伍君從台灣回來後，心情一直都很惡劣，再加上太太經常的嘮嘮叨叨，兩口子愈鬧愈兇。

而伍君由於日間太忙，夜裏回家又為太太煩擾，脾氣也愈來愈暴躁，完全忘記了三月份氣勢最惡，理宜夫妻分開一下的事。

結果，到三月底之時，夫妻兩人終因一次爭吵鬧得不可收拾，雙方協議分居。

到兩人分居了一個月後，伍君的心情才慢慢平伏過來，想起了我當日替他看星盤之事，於是打電話告訴我，說與太太分居了，而且問我有沒有復合的機會。

照星曜來說，復合的機會應該很微，但本着「寧教人打仔，莫教人分妻」，乃勸他好好向太太道歉，希望慢慢事過情遷之後能使她回心轉意。

只是心中覺得，有時所謂「命之不可逃」，確實往往非人力所能挽回的。

命中注定異族通婚

記得多年前，有一位姓王的朋友要我替他的女兒算紫微斗數，星盤列出後，發現其夫妻宮是太陽在廟宮與巨門星相守，通常在這種情況下，是極有可能會異族通婚，也是說極有可能嫁外國人的。

我把這情況向王先生說出後，王先生大表懷疑，並說他的女兒已有一名很要好的男朋友，相信不久就會到談婚論嫁的階段。

最後王先生還說，女兒和男朋友的感情是自小培養起來的，也就是說是「青梅竹馬」之交，這種感情相信不容易起變化。

但我對他說，漢人所謂異族，是包括滿族、回族、藏族等的。回族與藏族較少與漢人同化，但滿族則有不少與漢人同化了的，應該查一下他的族譜看他的祖先是否滿人，如果是滿人的話，也算是異族通婚的了。

王先生聽我解釋過後，也點頭稱是。結果，他真的去查女兒的男朋友，看他是否漢化了的滿族人。

但調查結果，全無半點是滿族人的蛛絲馬跡，王先生心裏奇怪，只當是算命算得不準確了。

這事一直擱置了幾年，王先生的女兒還是繼續在一間貿易公司工作，每天依時上班下班，既未定期出嫁也沒有與男友鬧翻。

直到有一天晚上，奇事出現了。王先生的姊姊來訪，至深夜時王先生要女兒叫的士送姑媽回家，不料就在的士經過九龍塘，在交通燈處停下時，王小姐發現自己的男朋友拖着一位小姐進入一間情侶別墅。這對王小姐來說恍如晴天霹靂，認為男朋友另有所戀，自己一直被蒙在鼓裏。到翌日，男朋友來電話時，王小姐不免大興問罪之師。初時她的男朋友極力否認，說王小姐是認錯人。後來王小姐說姑媽也見過他和認得他，可以作為證人。這時，王小姐的男朋友才供出與朋友去跳舞，一時酒喝多了在糊裏糊塗下拖了舞小姐去開房。

但王小姐已氣得七竅生煙，說怎麼的也不肯原諒他，並說以後也不想見到他。

王小姐個性倔強，王先生夫婦是知道的，勸也無益。

就在這個時候，王小姐工作的公司，來了一位外籍男士，一見王小姐，驚為天人，馬上展開追求攻勢。

王小姐在剛受到愛情打擊之下，一方面為了向男朋友示威，也接受了該位外籍男子的邀約，初時只是虛與周旋，不料相處日久，感情萌生，終而宣告結婚。

至此，王先生不得不相信命裏注定之事，既注定了女兒要嫁外國人，就神差鬼遣的，終於與外國人結為伴侶。

淺論「緣」

中國人無論是懂術數的或者不懂術數的，都相信人與人之間有「緣分」這回事。這個緣，不單只是男女間的緣，還包括朋友之緣，做事之緣等等，所謂有緣即聚，無緣即散。

既然人與人之間有緣分這回事存在，那麼，能否通過中國的術數把它算出來。譬如說阿甲與阿乙有緣，與阿丙就無緣，而阿丙卻與阿丁有緣等呢！

答案是有的，而且可以說相當應驗，風水先生也就常用它。

譬如說有一家六口，包括兄弟姊妹在內，請風水先生看風水時，風水先生往往會問各人的年齡或各人是哪一年出生的，其作用是為了要知道各人睡床之位置、來路、房門等是否適合之外，更可從中知道這一家人中，某人與某人特別融洽，某人與某人意見經常相左或常見摩擦等。是哪一種術數透露了秘密呢？是命主八卦而已。

人與人之間的緣分，既然命主八卦可以窺出端倪，那麼，到底命主八卦是甚麼呢？相信好奇的讀者都會有此一問。

在中國的風水學中，有所謂三元九運的。三元即所謂上元、中元、下元，每六十年為一元，共一百八十年。再將一百八十除九，是為每廿年一運。而九運合共同樣是一百八十年。但每年分男女而各屬一卦，譬如說，一九八五年，是下元七運，在當年乙丑年出生的男子，在命主八卦來說是屬於乾命，而女子則屬離命。

八卦來說就是乾、兌、艮、離、坎、坤、震、巽。所代表的數字是六、七、八、九、一、二、三、四。同時，上述八卦再分兩組，乾兌艮坤稱為西四命，離坎震巽稱為東四命。好了，那麼緣分之說又從何而來呢？一般人都認為東四命與東四命的人，西四命與西四命的人較合得來。但在投緣方面，卻又有不同的看法。

譬如說八五年出生的男子，八卦屬乾命，除了與西四命的人較合得來之外，與坤命、坎命、巽命的人會較為有緣。道理何在呢？因為與乾坤是天地德合而乾在數來說是屬六，而坎屬一，巽屬四，在河洛理數來說，一六是同途，而四六則合十，是故乾命的人與坤命及坎命、巽命者較為投緣。

八卦既與緣有極大的關係，至此，讀者可能不免會問：「我們不懂風水的，如何知道自己是屬哪一卦呢？」

如果要詳細介紹出如何算出自己屬於哪一卦，那是要相當的篇幅，故此不擬在此介紹但有一個極為簡單的方法，那就是很多風水書籍都載「命主八卦表」的，包括吳師青所著的《天體曆》在內，有興趣的讀者不妨自己去翻查。

同時除了明白「東西四命」之外，還要知道在數之中，一與六、二與七。三與八、四與九，在河洛理數來說是同途朋友的，而且須注意合十之數，即兩相加為十，如一九、二八、三七、四六等，都屬有緣的。

現在，談一下驗證方面，筆者有一位住在香港的朋友，他的命主八卦是屬乾宮命，但他的太太卻是屬震宮命者。丈夫是西四命，而太太是東四命，乾屬六，震屬三，兩數既非同途，亦非合十，所以在和諧方面就大打折扣了。同時最重要的是乾屬金，震屬木，丈夫多少有支配太太的現象。

第三章

家宅運勢

動五黃氣子女受傷

以紫微斗數來說，天同星化為忌星進入田宅宮，則家裏多有裝修或換傢俬等之舉。

記得多年前有一位姓施的朋友，要我替他算紫微斗數，當年他就是天同星化忌星進入田宅宮，我就把實在的情形對他說了，接着他十分訝異的說真的想過重新裝修自己的居室。

但他的星盤除了顯示居室會有裝修或換傢俬的事外，由於子女宮的星曜亦纏有惡煞，所以我叫他要小心子女的安全，不要讓他們參加一些危險的玩意。

不夠一個月，老施打電話給我，說已請人畫了圖則準備把居室裝修，他住的是複式洋房，也請人看過風水，風水先生說只要門前的地方，小花圃之處不要動土就可以，因為那裏剛好是飛星五黃所到之處，所以不能動土，室內其他地方則無礙。

老施自然依風水先生的說話去做，全屋裝修，只餘門外小花圃的地方不去動它。

說也奇怪，開工後不夠一個月，老施的十歲兒子，有一天在門外空地處踏單車不慎跌得很傷，而女兒有一天又不慎從樓梯摔下來，頭顱也幾乎摔破。

接連發生了兩宗傷人事件後，老施十分徬徨，因而懷疑不知道是否施工破壞了風水所致，乃邀我到他家中去看一下。

老施住的地方在九龍一個郊區，那天我帶備羅盤到他家裏去看風水，勘查一下是否因為施工裝修破壞了風水，而致家中接二連三的有人受傷。

抵埗後，用羅經測度一番，覺得並無不妥，後來發現他住宅入門處小花圃的地方，放有很多裝修的工具，裝修工人在那裏拌水泥，原有的草皮翻動過，有幾個鐵鏟插入

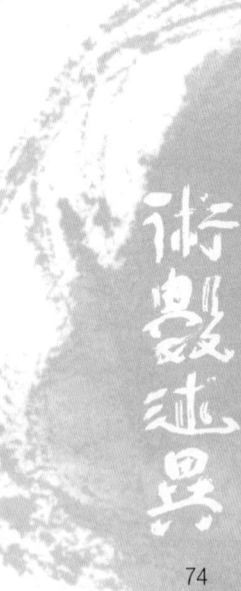

泥土中，這時我恍然大悟了。

而上一位風水先生所說也是對的，小花圃的地方剛好為飛星五黃所到之處，不能動土。

現在老施雖然沒有改修那個小花圃，但一任工人在那裏拌英泥及不停的把鐵鏟插入泥中又拔出來，相等於動了五黃之氣，是故家宅有傷人事件。

於是原原本本的把實情告訴老施，叫他不要再讓工人在小花圃拌英泥，這些工作都應改到屋子裏去做。

自此以後，老施的屋子順利的裝修妥當，也未再發生過傷人事件。

此事之奇奇在紫微斗數看出他會裝修居室，而星盤亦顯示他的子女會有受傷事。而結果老施真的裝修住宅，但不意在五黃之方動了土氣，以致兩名子女先後受害，亦云奇矣，而斗數之驗，有如此者。

「寡婦屋」解拆妙法

記得在多年前某日，有位朋友黃太打電話給我，說不知怎的搬入新居後，丈夫頻頻生病，最近還入了醫院。

她在電話中說不知是她的丈夫運程不好，還是新居的風水不好。同時說出了她丈夫的出生年、月、日、時，希望我替他算紫微斗數。

星盤列出後，顯示田宅宮有忌星，而疾病宮則見空劫，但情況看來並不嚴重，花點醫藥費後看來就無礙的。

翌日，打電話給黃太，把情形告訴她，並說明某日會到她的家裏去看看。

到約定的時日，帶備羅經到黃太的家裏去，經過一番測度後，發現她的家宅風水確有問題，是屬於出寡婦的屋，但又無可解拆。經過一番思量，終於給我想出了一個辦法，因為我知道黃太的母親仍健在，但並非與她夫婦同住，而她的父親卻已去世了。

於是我對黃太說，最好請她的母親來與他們一同住，問題可以解決，因為她的母親是寡婦，搬來同住後就應了這屋出寡婦的問題。而且今後家人出入，最好不走正門，改走側門，情況會更好。黃太如言，邀了她的母親來與她夫婦同住，說也奇怪，她丈夫從此健康情況大有好轉，紫微斗數所顯示的情況應驗了，而風水也應驗了，不由她們夫婦不信也。

斗數看出家宅問題

筆者有一位文化界的朋友，姓黃，他自己懂得如何列出星盤，但卻不懂分析，是紫微斗數的初哥。

記得多年前有一天，他找筆者飲茶，出示一個星盤給我看，上面只寫着「陳先生吉造」，名字也沒有寫上去，要我看看這人的運程。

我看了一會之後便對他說，這人一定要是個子矮小，膚色黝黑者才對。他說對的。接着我說：「這人一定是當差的，是從事警務工作的人。」這時他顯得十分訝異，問我如何可以看出這人是當差的。

我賣了一下關子說，待我有空時才教你吧！

接着從星盤顯示，這人最近搬屋，而且搬屋之後會有不愉快之事發生。

這時老黃十分着急的追問我道：「是的，他真的會在最近搬屋。但不愉快之事是甚麼事呢？有甚麼解救的辦法呢？」

我於是對他說，紫微斗數只能看出一個人的運程和所遭遇的某些事，但並無任何方法解救，要解拆就只能憑風水了。

老黃說：「那麼他搬屋時請你替他看一下風水是否有解拆之道呢？」我正面的對他說：「我不會替他看風水的，第一我並非職業相命家或風水家，第二我並不認識這個人，所以並無義務去替他看風水。」

老黃終於耐不住性子，說出那位陳先生是他的契女婿，希望看在與他老友的份上，替那位陳先生即將入伙的新屋看一下風水。

原來陳先生所謂的「新屋」，只是一座警員宿舍。由於陳先生原居的警員宿捨要拆卸，所以當局編配他到九龍某處警員宿舍的一個單位，這個單位以前也是由警員居住，不久前才搬出，陳先生就準備搬入去住。

到達陳先生的單位後，開啓羅經一看，原來二五到門，乾宮安灶。其他的細節不必提了，單是這兩點已不宜陳先生居住。

當時對陳先生說，不知是否可另覓新居，這宅不適宜他住也。

陳先生因為過去聽說過我的功夫，於是寧可信其有，放棄那個單位，另外去找地方居住。

但奇怪的事是，陳先生在無意中從朋友處得悉上述單位，原來是由一位在一宗劫案中被匪徒擊斃的警員所居住的，事發後全家搬走才空出那個單位。亦即為凶宅已應驗了。

在陳先生知道這事後，對中國的風水學大為佩服，認為如非先看風水而謬然搬入去住的話，就算不再發生甚麼事，也必然會從鄰居處獲悉這單位的原來居住者是誰。那麼，心中起碼會有不安之感。術數之奇，有時確是不可想像的。

所謂凶宅，有些是永遠性的凶宅，無論甚麼時候，都不適宜人住的。而上文所提到的凶宅，則屬一時性的凶宅，即當年因飛星二五到門而造成的凶宅，但過後飛星變換，則又可相安無事者。

但住進這種凶宅的人，亦必然是命定的，是命中注定遇到兇險之事，然後會鬼遣神差的住到那屋子裏去。如果命不該絕的話，他又會很自然的離開那間屋。

筆者就看過九龍某處一宅，那是朋友的住宅，用羅經測度後，發現該屋子極不適宜老婦居住，因此問朋友有沒有老一輩的女性同住。

朋友說以前有，但現在都搬走了。以前外母來住過，但經常生病。終於搬回去與兒子同住，而更奇怪的是，他本人的母親，亦曾到他那裏住過，但一樣覺得不舒服而搬走。

有一次使他感到十分惶惑而覺得難以解釋的是，他的外母來住，睡至半夜三時左右，突然起來嚷着要走。他們夫婦倆勸她天亮才走吧，但無論怎樣勸也勸不來，終於駕車送她回去，亦云奇矣。

朋友聽我說此屋不宜老婦居住之後，想起了過去的事。憑他的慧根，明白到他的外母與母親命不該絕，所以才好像有某一種力量迫使她們離開那間屋子。

星盤顯示長輩病故

一個人在命中注定會發生的事，很多時冥冥中似有主宰，而且是避無可避的。這種現象，很多業術數的人士都有這個經驗。其中所發生的事，有些似有天意存在着，非人力所能挽回，有時雖有風水補助，但風水卻又被無意中破壞，而結果仍是照樣發生。

記得在多年前替一位朋友算紫微斗數，星盤列出後，發現他的田宅宮遇到廉貞星會照武曲星同時化為忌星，通常田宅宮遇到這些星曜，再加上孤辰、寡宿兩星的話，那麼當年家中必然會有老人或長輩病故。

這位朋友姓方，與太太及三名兒女同住之外，還有一位高齡的老母。

當時我對方先生說，切不可把這事告訴母親和太太，免得他們不安，只是暗中留意母親的健康就是。

方先生是十分相信風水的人，他接着問我風水在這方面可有助力。我說應該有的。

由於我與方先生是老友，他的住宅我也去過，當時心中在盤算他住宅的風水數，覺得不應該有問題。

但方先生堅持要我到他家裏去走一次，在無法推辭之下，也只好去了。

結果仍是覺得他的家宅沒有問題，不會老人家出事的，心中不免猜疑。

照道理家宅如果有人出事，風水上一定可以看出來的。

但方先生的住宅一點問題也沒有，其故安在呢？這問題一直放在心上，一時間未能找到答案。

結果，過了大半年到九月時，方先生有一天突然打電話給我，說他的母親病重入院了，醫生說很難挽救。

這時我感到更奇怪，紫微斗數是應驗了，但風水又如何解釋呢？

抱着好奇的心理，對方先生說我很想到他家裏去一次，再詳細研究一下風水問題到底出在哪裏。

初時在屋裏看，覺得並無甚麼不妥，找不出答案，後來走出露台一看，問題找到答案了。原來在他住宅的對面，坤宮的地方在打樁起樓。

當年五黃在坤，坤宮動土，是故方先生家宅人口不平安，而坤卦屬老陰，是為老母，故此應在老母身上。

我把這情形告訴了方先生後，方先生亦覺無話可說，而那時方先生母親已在彌留狀態，就算搬家也來不及的了。

從此事來看，命中注定之事，風水也似乎配合起來，怎能說不是冥冥中有所主宰。

家人昏迷風水魚擋煞

記得多年前，替一位姓張的朋友算紫微斗數，起列星盤後，發現他在當年來說，是廉貞星化為忌星進入田宅宮。

在一般情形之下，廉貞星化為忌星進入田宅宮，是主家宅內老人家會出現問題，如果三方四正的星曜不吉，嚴重的可致死亡。

但我並沒有把問題說得這樣嚴重，只是對張君說要關注家宅內老人的健康，多照顧他們日常生活及飲食等。

張君對我說，他家中只有一位老人家，就是她的姑媽，但也不過是六十餘歲而已。

接着張君問我可有甚麼辦法解拆。

我說紫微斗數只能算出一個人會發生甚麼事，解拆之道就要靠風水了。

隨着他又問我，找哪一位風水先生較好，並說他有一位親戚曾找一位馬師傅看過風水，他是否也可找馬師傅替他看風水，又問馬師傅的功力如何！

至此，我坦白的對他說，馬師傅是當今頂尖兒的風水大師之一，能找到他是最好不過了。

結果，他真的找到馬師傅替他看風水，馬師傅教他在入門之處養一缸魚，養的是黑色的魚如黑摩里等，要養六條。

如是者過了多月，家中也沒有任何事故，直到接近年底，有一天，他的姑媽在家中突然昏迷不醒人事。

張君的家人一下子手足無措，一方面急急的去找藥油替她塗搽，一方面電召救傷車送她入院。

張君的姑媽入院後，不到一個小時，蘇醒過來，經醫生的診治，認為她只是貧血，血液一時間供應不到腦部，以致突然昏厥過去。

但因她年紀已不小，故醫生建議她到私家醫院暫時療養一下，對身體的復原有較好的幫助。

結果，張君自然聽從醫生的建議，把姑媽送去私家醫院療養，不在話下。

而最奇怪的事是，在張君的姑媽突然昏迷不醒人事送入醫院之時，家中入門之處所養的一缸黑摩里魚，六條全部翻肚死亡。

風水先生認為養魚足以擋煞，而張君所養的魚，就在他的姑媽發生事故時突然全部死亡，使到張君不能不相信風水魚之事。

而事後，張君固然添購新魚再行飼養，而在他姑媽復原後，說也奇怪，那些魚卻一直很健康的活着，從未發生過死魚的事。

張君事後把這件事告訴我，並說風水之說確是玄妙。而紫微斗數算人的家宅會發生甚麼事，也有一定的準繩度。

而此後，張君一遇到有甚麼疑難，就拿着星盤來問我，對斗數可算篤信了！

星盤顯示買屋麻煩

在紫微斗數中，如果武曲星化為忌星守田宅宮，那麼購置房產時，很多時就會發生糾紛或一些預料不到的麻煩。

記得在一九八二年（壬戌）時，替一位女士算紫微斗數，這位女士姓劉，雖然她還未正式結婚，但據知她已經與一位姓張的男子共賦同居之好，只是未正式註冊結婚而已。

就在那年，發現她的星盤遇到了武曲星化為忌星進入田宅宮，替她算紫微斗數時在年底，當時把上述情形告訴她。

不料她一聽之下整個人跳起來，原來她說這事剛巧發生了。她說與姓張的男子同居了兩年，大家手頭上已有了積蓄，所以她在年初即有自置樓宇的念頭。而在上一個月，她知道某私人屋邨新建成樓宇出售，有一天去看過後也覺得十分滿意，於是沒有徵求男朋友的同意，便先寫下支票落了定金。

不料回家後把這事告訴男朋友，卻遭到男朋友的大力反對，理由是該屋邨交通不便。

劉女士的戶口是與她男朋友聯名的，兩人任何一方簽名也可提款。但她的男朋友在極度不滿之下，立即通知銀行截止該支票。

結果，地產公司因該支票不能兌現，幾乎要起訴劉女士。後來雖然終於沒事，但也麻煩了一陣子。正應了紫微斗數武曲星化為忌星進入田宅宮的現象。

搬家也有星象顯示

從紫微斗數中，算一個人何時會搬家，準繩度是相當高的。如流年遇到天機星化忌或太陽化忌守田宅宮，又或紫微破軍會合守田宅宮等，都會有搬家之象的。記得多年前替一位姓胡的朋友算紫微斗數，由於他對當時的居住環境不滿意，認為太嘈雜和地方太小，經常都想搬家，但不知怎的，總無法找到合理想的地方去搬，到有合理想的地方時，卻又租金太貴，覺得難以負擔，如是者一拖再拖，始終無法搬得成。

而老胡要我替他算一下紫微斗數，主要目的是想看何時能夠搬家。

當日替他起列星盤後，發現當年實在是很難搬得成家的。但到甲子年（即一九八四年），田宅宮遇到太陽化忌，就有搬家之象了。而且由於他的原天盤是武曲星守田宅宮，故估計他雖然搬家，但仍不會是住新屋，多半是會搬進另一幢的舊建築物去居住的。理由是武曲星守田宅宮的人，多半是會住舊屋者。

我如實的把情形告訴老胡後，老胡只輕描淡寫的說：「真的要等到明年才搬家乎？」最後他補充說：「其實，我現在已四處找地方，但總未能找到合意者而已！」結果，老胡整年的找地方，但一直無法找到合意的。

老胡只是一名普通受薪階級，太貴的租金自然付不起，所以一直未能找到合理想的房子。但到甲子年（一九八四年），太陽化忌守田宅宮，到年初時，他真的搬家了。他在搬家之前打電話給我，對我說紫微斗數真的很靈驗，他真的找到地方搬遷了，而且適如斗數所言，是搬到一幢頗舊的建築物居住。

至於為甚麼他突然找到地方搬呢？原來他有一位姑丈，在西環自置有一個單位居住，而且也居住了近十年，年前申請移民加拿大，一直未獲批准，到了去年，突然接到通知，說可以舉家成行了。他的姑丈由於恐防到外國生活未必能適應，怕有一天可能要回到香港來住，所以既不敢把物業變賣，也不敢租給別人。因為怕租了給人之後很難收回。

所以就想起了老胡要找地方搬家之事，於是對老胡說，他移民外國後，原來的單位可以讓給老胡住，老胡只代他交差餉、地稅及管理費和一切雜項費用即可，既不收他的租金，也不發租單。同時說明如果有一天他要回來香港居住的話，老胡一定要把房子交回給他。

老胡明知這只是姑丈以防萬一的辦法，而自己也為了找房子而花去不少時間，結果答應下來，而老胡也應了斗數的星象，果於太陽化忌守田宅宮之年搬家了。

第四章

子女禍福

兩兒分離無奈何

記得一九八五年年初時，替一位朱太算紫微斗數，朱太有兩名兒子，其一十歲，另一六歲，這是我知道的。

當日草列星盤後，發現朱太當年的子女宮，有分離之象，也就是說她的兩名兒子，該年內會各分東西。

我把實際情況告訴朱太後，朱太對我說：「不可能吧，兩個兒子年紀還小，如果我們夫妻到甚麼地方去或移民，亦必然會帶同兒子一同去，如何會使他們兩兄弟各分東西呢？」

於是我對朱太說：「算命千萬別說道理，說道理或根據甚麼邏輯，就不是算命，能把一些無法解釋之事算出來才是算命，至於他們兩兄弟如何會各分東西，我也不知道，只是星象如此，我照實說而已！」

朱太聽後亦覺得有道理，沒有說話，但顯然她仍是心內存着狐疑的，認為這是一個謎，但又無法解開謎底，只是記着會有這事發生而已。

後來朱太忍不住再問我，不是兩兄弟其中一人被人拐去吧！我對她說：「絕不是此事，如果被拐，是另一種星象的。」

結果到數月後，謎底打開了，他們兩兄弟果然各分東西。

原來朱先生突然被公司派去英國工作，估計一去會要逗留多年。朱先生這時就想，自己既然去英國工作，而太太又因在港有自己的生意，一時間無法拋開它去英國，那麼帶同兩名兒子去英國讀書亦不錯，於是徵詢太太的意見，說想帶兩名兒子去英國讀書。

當年為了九七的問題，朱先生一家亦早已有移民之意，這時朱太心想，讓他們父子三人先行也好，自己可以慢一步才去英國和他們會合。

計議已定，不料朱先生的小兒子，說甚麼也不肯隨朱先生去英國，誓要跟隨着母親在港，只有大兒子肯去。

結果，無法可想，朱先生夫婦也只好讓步，讓大兒子先隨朱先生去英國，日後才由朱太帶同小兒子去英國。

如此一來，朱太的兒子果然應了星盤所示，當年真的各分東西了。因為大兒子去了英國，而小兒子還是留在香港。

謎底揭開後，朱太無法不對紫微斗數信服，認為這是屬於事前無法解釋的事，現在亦應驗了。

而朱先生本來不大信紫微斗數的，也信服了，行前還請我替他看一下到英國發展情況是否順利。

火燒天門兒子忤逆

多年前有一位姓陳的朋友，中年喪妻，認識了一名同病相憐的寡婦，甚為相得，且有結婚之意。有一天，姓陳的這位朋友來找我，說他的女友搬了新屋後，近來很不愉快，而且有些麻煩，希望我看在與他老友的份上，替他的女友看一下風水，但當時這位朋友是沒有說明他的女友有的是甚麼麻煩。因為友情難卻，就相約了一個日子，帶備羅經到老陳的女友家中去。

老陳的女友守寡多年，有一名十餘歲的兒子同住，是母子兩人相依為命。

她住的地方在灣仔某大廈，及開「羅經」來看後，發現她的灶安錯了位置，是屬於風水學上所說的「火燒天門」的格局，而凡灶位得此格局者，主人的兒女必定十分忤逆，可以定論。

於是我問她搬入此屋住多久，她說：「大概半年吧！」

我直接的問她，這半年來是否發現孩子十分不聽話，而且表現得十分忤逆。

這時她十分詫異地說：「對的，我就是為此事煩惱不堪。」

結果我教她把灶位改到另一位置，希望她的兒子會逐漸變乖。

事隔約一月後，老陳打電話給我，說已擇定了結婚的日期，而他女友的兒子，自灶位改過之後，確是比以前聽話得多了，不由你不信也。

斗數算出兒子被拐

有一位朋友的妹妹，嫁給外國人，丈夫的姓氏譯音為賀，故人稱之為賀太。但結婚不到六年便與丈夫因意見不合而離婚了，這時候他們已有一名四歲的兒子，離婚後兒子由母親撫養，由作為父親的賀先生每月付給贍養費。

在一九八二年時，朋友要我替他的妹妹賀太算命，這時她已離婚了，當時算命的動機是想知道是否會再結婚。

我替她草列星盤後，發現她在一九八三年癸亥年的時候，遇到貪狼星雙化忌星守子女宮，通常貪狼星化為忌星是主有奪愛之象。所以，當時我便對她說，到明年（癸亥）便要小心兒子為人拐去，對兒子要特別小心。

賀太（雖然她已離婚，但人仍習慣稱她為賀太）聽我這樣說後，果然特別關注起兒子來，本來她是有傭人照顧兒子的，但此後她即不准傭人帶兒子出外。

到一九八三年時，她的兒子就在居所附近讀小學，每天上學放學，她都親自接送，不敢假手傭人，以防有失，寧願自己辛苦點，希望能保兒子平安。

如是者經過半年，相安無事，但賀太仍然天天自己接送兒子上學及放學。

直到有一天，賀太去接孩子放學時，遍尋不獲，去問學校的老師，一問之下，大吃一驚。

學校的老師說，在快要下課的時候，有一名外籍男子到學校來，說自己是孩子的父親，因有要事要趕緊接孩子回去。學校老師不虞有詐，乃讓孩子往見外籍男子。

由於賀太的兒子一見到該男子之時，馬上撲上前摟着他大叫爹哋。學校的老師即認定不會是冒充的了，就讓他帶孩子離去。

賀太聽學校的老師這樣說，也不好責怪他們，因為自己並沒有向學校方面說明自己是離了婚的婦人。

賀太心知肚明，是丈夫有意要帶走孩子。隨後立即四處尋訪，但無論如何尋找，亦全無消息。

到後來，賀太聽人說她的離婚丈夫已把孩子帶了去美國。結果，賀太不辭勞苦的追蹤去美國，並四處託親戚朋友協助查訪，但經過半年的時間，仍如石沉大海，一點消息也沒有。

終於賀太無可奈何的返回香港，對孩子仍懷念不已，但天涯海角都找過了，就是沒有兒子的蹤跡。

這時，朋友只有安慰她，說命中是注定如此，年前算命已算出會有這種情況，而且她也特別關注了，仍然無法避過兒子失蹤的命運，還有甚麼好說。只是她料不到會被離婚的丈夫帶走而已。紫微斗數之靈驗，於此可見一斑。

擇時辰剖腹產子

很多不懂術數的人曾經提出過這樣的問題：一個人的命運如果是注定在出生的時間裏，那麼，現在科學昌明，選定一個最吉的良時剖腹產子，豈不是可以人為的製造出億萬富翁、蓋世英雄或絕代美人等人物。這是不懂術數或對術數僅知皮毛者所言。

因為在宿命論中，有所謂「先風水、後八字」的說法。也即是說，一個人的後代會出現甚麼人物，是與祖上的風水攸關的。祖先的風水可以出秀才，然後有秀才出現；可以出醫生，才有醫生出現。

不論是子平命理還是紫微斗數，每一個人出生之後並非立即交運的。在子平命理中，有從一歲上運而至九歲上運的都有，而在紫微斗數中，從二歲上運至六歲上運的都有，在未上運之時，可以說得科學點是尚未納入軌跡，隨時可以產生意外。

由此，一個人如果選定吉時剖腹產子，縱使如願達到目的，但家山風水如果不應有這樣的人物出現的話，那麼就大有可能在上運之前夭折。

更何況，有時嬰兒會提早出生，譬如說原定計劃下午三時剖腹出生的，提早至上午已胎動出生等，人算不如天算的情形多的是，下文將再舉一些實例，讓讀者更深入的了解這個問題。

選吉時產子亦講風水

有一位姓陳的朋友，性喜術數，自己也略懂一二，所交遊的朋友中，不少是對術數有心得的人物，正是物以類聚也。

有一年，他的太太懷孕了，為了希望一舉而得富貴之麟兒，遂與幾位對術數甚有研究的朋友商量，希望選擇吉時良辰，由醫生開刀剖腹產子。

經過醫生不斷的檢查，安胎等手續，醫生說陳太的預產期是在七月份，於是陳先生便開始在七月份左右的日子去選擇吉時良辰，自己選擇後還怕有錯，再與幾位術數高手研究，確定了那天是最好的日子，如果孩子在那天的吉時出生的話，一定是富貴雙全。

陳先生在選定了吉日良辰後，一心的等待這個日子來臨，希望到那個時候由醫生替他的太太剖腹產子。

豈料到六月的時候，有一次他的太太接受檢查，據醫生說胎兒移了位，可能要提早開刀生產。陳先生此時惟有力懇醫生想辦法延遲產期及安胎。

但過了幾天，還未到七月，他的太太果然腹痛得要命，去看醫生，醫生說要馬上動手術，否則嬰兒會胎死腹中。

結果，人算不如天算，終於無法在選定的吉日良時出生，是亦祖上風水未及有此富貴雙全的後代所致。

斗數算出升學問題

記得在某年，有一位姓陳的朋友，要我替他的兒子算一下紫微斗數，看看他兒子在英國升大學之事是否順利。

星盤列出後，發現有忌星守事業宮，本來事業宮古稱官祿宮，是看一個人的官運及事業的運氣的，現在，也可以用來看一個人讀書的情況如何，一個人在未有自己的事業之前，學業也就等於事業。

當時我就對陳先生說，他的兒子該年升大學會有阻滯的問題出現，看來要等翌年方可以成功，因為明年才遇到天盤文曲星化科也。

陳先生聽我說後，馬上對我說：「不會是看錯吧！我的兒子在英國已有大學答應收他的了，如何會等到翌年呢。我只是想問一下他入大學之後，是否順利而已。」我說，照星盤顯示，他該年不容易進入大學，必有阻滯，且拭目以待吧！

結果，不到一個月的時間，陳先生的兒子從英國寫信回來說，因某種原因，答應收他的大學暫時未有學位收他。

陳先生見已應驗了，後來着緊的問我明年他的兒子是否一定可以入大學。

我當時說，明年一定有機會。

到翌年，陳先生打電話給我，說他的兒子在那年秋天可以註冊入學了。

星盤注定難有子息

有一位姓謝的朋友，從紫微斗數的星盤來看，他的子女宮是天機星化為忌星，且有兩煞會照，一般情況下，這種星盤是很難有子的，但有女兒卻一點不奇。

記得在一九七八年戊午年時，他的太太有喜了，他走來告訴我，並希望我再研究一下他的星盤，看這一胎是子還是女。因為他已有一名七歲的女兒，是前妻所生的，所以十分希望這一胎是男。

通常從星盤的顯示，如果大限及流年子女宮是太陽，那麼一定生男的，如果是太陰，那麼一定是女。

這位謝先生的大限，子女宮既見不到太陽，也見不到太陰，所以只能從流年去看，但在戊午年的流年，如果戊午年他的太太生育，則必定是女兒了，但到己未年，卻可見到太陽則有機會是男的，但也只是有機會而已，因為，他的天盤已注定了子息稀少。

我把上述情形告訴了他後，他便說無論如何希望他的太太能拖到一九七九年己未年初才生產，寄望一索得男。

後來，他送太太到醫院去檢查，醫院說他的太太預產期在一九七九年二月，這使他大喜過望了。照情況看來極可能是男的，他滿懷高興的打電話把這事告訴我。

到接近農曆年時，他的太太還未有要臨盆的跡兆，更使他滿懷希望，以為是祖宗有靈，繼承香燈有人了。

不料，在尾禡過後，有一天他的太太捧着大肚子到朋友家裏去打麻將，至深夜十一時左右，忽然感到腹痛，看來有臨盆的跡象，幾位朋友手忙腳亂的馬上送她去醫院。至翌晨，謝太果然分娩了，生下來的真是女。

預產期早了一個月有多，謝先生雖然感到有點失望，但命裏如此，也無話可說。

這是人算不如天算的例子，而且戊午年天喜星走進他的田宅宮，天喜星是主生育的，那麼她的太太在戊午年（一九七八年）生育是十分合理的事。

所以，雖然醫院說預產期在己未年（一九七九年）年初，但結果，產期竟告提早一個月有多，使嬰兒提早來臨，而結果亦與斗數吻合，是一名女兒。

而謝先生經過這次事件後，對斗數更為信服，自不待言。

白星齊到喜告添丁

有一位姓吳的朋友，結婚多年，仍無所出，夫婦兩人為此而甚為苦惱。看過醫生，求過神拜過佛，至中年仍然膝下猶虛。

這位姓吳的朋友，與我不甚熟絡，所以一直沒有找我算過命。

直至有一天，他託一位我的親戚問我，可否替他算算紫微斗數，是否注定此生無兒無女，又風水在這方面是否有助力，可否在風水上想辦法。

用紫微斗數列出星盤後，發現他是天機星守子女宮，兼三煞並照。一般來說，天機星守子女宮已是子息稀少，通常不會超過兩個，現在加上三煞並照，再減一減，則子息自然難求了。這是命中如此也。

但一個人如果有祖德，兼能積德行善，子息雖薄，很多時仍會有一枝之寄，但須十分小心保養，因此種命造的子女，童年時必然多病，度過童年後，健康方會正常。

這位吳先生我與他雖然並不很熟，但從他的朋友口中，知道他為人十分有義氣，亦樂於助人，兼且常做善事，遇到有甚麼濟貧運動等，都樂於捐輸。再從他的相貌來看，亦屬慈祥之人，再看他的手相，亦覺是有祖德的。

於是對他說：「子息會有，但遲，如有風水助力，可能快點。」

話說吳先生的星盤，既已顯示子息薄弱，但他夫婦兩人均心急希望早日有子，於是希望我能替他們在風水上想一下辦法。

通常，學過九宮飛星風水的人，都會知道一白、六白、八白，三星如分別到門、到灶、到床，則該年該宅必主添丁，而且是屢試不爽及甚驗的。

及抵吳家，開羅經一看，便發現風水上有不妥的地方，灶的位置不對，固難有子，再加上安床的位置亦不對，開門雖是一白門，亦難起作用也。

於是決定把他們的灶改到向着飛星八白之處，而床位則改在飛星六白所到之處，經這設計後，應該是一白到門，八白到灶，六白到床，添丁自然有望了。

果然，不到半年，吳先生的太太夢熊有兆了，而當年，吳先生的紫微斗數星盤亦剛好見到天喜星走入夫妻宮，可說十分配合。

及至吳太生產，果然一舉得男，自然喜出望外，吳先生第一個就打電話給我，希望我替他的兒子改個名字。

但我拒絕了，因為我是不甚相信姓名學的。

再過大半年，吳先生有一天又致電話給我，說他的兒子真的很多病，雖是小恙，但幾乎每個星期都看過醫生，與我事前所說的情況十分符合，真是命中注定，無話可說也。惟有小心撫養而已。

三煞會照添丁夭折

對於人生的際遇，與發生的一切大事小事，紫微斗數都有相當的準繩度。是中國的一門十分精微的術數。

記得在一九八〇年庚申年之時，替一位姓葉的朋友算紫微斗數。

姓葉的這位朋友，人稱老葉，那年他的太太因有了身孕，預產期在八月之間，老葉要算斗數，原來目的是想知道是男還是女。

當時替老葉草列了星盤後，我竟然一時間不知怎樣對他說才好。因為當年他適好遇到天同星化為忌星進入田宅宮，而子女宮亦三煞並照，在這種情形下，不但難求添丁，而且會因添丁而帶來極大的煩惱，換句話説是母子均有問題。

當日我只對老葉說：「你的太太既然有了孕，那麼就要加倍小心，須防有難產之事，但你不必太擔心，因現在醫學昌明，對難產之事也沒有甚麼大不了，最多是開刀生產而已。」但還是囑咐老葉要太太勤看醫生和勤加檢查。

因為老葉的太太在生產第一胎之時，曾經遇到麻煩，事後經過安胎等手續，才告吉人天相順利誕下麟兒。

老葉就把這事向太太重提，希望她小心為上。而他的太太自然也聽他的説話，每隔一段很短的時間就去檢查。

話雖如此，但到接近預產期之時，老葉太太還沒有快將臨盆的跡象。到過了預產期幾達一週，老葉的太太這時已住進醫院經常接受檢查，醫生說她可能要開刀生產，因為胎兒可能移位和太大了，並說準備隨時開刀助她生產。

過不了兩天，老葉的太太真的要動手術了，產下了九磅的麟兒，這時老葉滿心歡喜，以為經過手術，總算應驗了難產，母子平安值得高興。

在老葉太太攜同新生嬰兒出院後，不到兩個月，天氣漸冷，有一天，不知如何，嬰兒的絨被蓋過了嬰兒頭部，到發現時幾乎窒息，面已呈紫色，尚幸能及時救回，但自此之後，嬰兒即十分多病，健康日差，到接近過年之時，竟然夭折了。

全部的過程可說完全吻合了紫微斗數所顯示的現象，亦異數也。

四煞並照終告流產

在紫微斗數中，四煞（擎羊星、陀羅星、鈴星、火星）是屬於凶星，四煞同時會照到同一宮度的機會不常有，但如果會照到的話，那麼這一個宮度就必然會出現問題，舉例來說，如果會照到子女宮的話，則必然無子女，縱有亦極易夭折，而兄弟宮亦作如是看。記得多年前曾替一位姓吳的朋友算紫微斗數，起列星盤後就發現他是屬於四煞並照子女宮的，在這種情形下，當然是極難有子女的。

當時吳君已結了婚七年，然而膝下猶虛，他算紫微斗數，目的就是要看看何時可有兒女。

從斗數來說，一般情況如果天喜星走進夫妻宮，那麼，在那一年就有可能添丁。而吳君的天喜星，也剛好在那一年進入夫妻宮。所以，我對他說：「今年，尊夫人極可能會懷孕，但必須十分小心，知道有孕後應經常看醫生，接受檢查及安胎等。因為，從星盤顯示，你是屬於子息稀少者，只希望祖上風水有助，或可得一枝之寄。」

老吳聽了我的說話，既開心亦擔心，開心的是知道自己太太今年會懷孕，擔心的是怕太太因生產而有意外，後來再為此事追問我，我安慰他說：「你太太本身絕對不會有問題。」然後他才放心。到兩個月後，老吳的太太果然懷孕了。

老吳的太太懷孕後，老吳便照足我的說話去做，經常敦促太太去看醫生，多作檢查。因為他認為無論信命還是不信命，這樣做都是好的，對太太和胎兒都有好的作用。

老吳為了以保不失，更誠意請一位風水名家看他的家宅風水，希望借助陽宅風水的力量，使他當年可以添丁。

為了希望得到一枝子息，老吳可以說是用盡了各種辦法了。

到太太懷孕接近了四個月之時，老吳覺得情況應該穩定下來了。就在一次假期中，帶同太太到澳門去散心。在他認為，女人懷孕如果心情開朗，那麼，產下來的孩子也會較為樂觀。

就在他們夫婦倆在澳門度假時，有一天，夫妻兩人相攜過馬路，突然一架汽車失控制似的向他們衝來，老吳急扶太太走避，可能他的太太行動不便，一下子心急之下滑倒了，汽車雖然沒有碰到她，但她一下子的滑倒，卻震動了胎兒，腹痛得很厲害。

老吳馬上把妻子送入醫院，但流產了！

事後老吳十分懊惱這次澳門之行，怏怏不樂了好一段時期。

最後，還是我安慰他，一切命中注定了之事，很多時非人力所能挽回。所以，縱使不去澳門，也可能在香港跌一跤。希望他的心情平伏過來。而他也認為事已至此，只好認命，漸漸減少了懊惱之情，回復積極的工作。

子女宮顯示血光之災

某年替一位姓伍的朋友算紫微斗數，發現當年他的星盤遇到廉貞星化忌進入子女宮，當時他本來是想問我當年事業與財運如何的，但我對他說，財運與事業均無礙，不但只無礙，而且會比過去的一年好，但因子女宮遇到廉貞星化為忌星，就要小心兒子會遇到意外，小心為上。

當時老伍立即問我，要如何才能避過小兒的「災難」。

我便對他說，做父母的固然要多關注兒子，但請名家看一下家宅風水也是會有幫助的。

果然，老伍如言的請得一位風水名家去看家宅風水，據說名家也認為家宅風水有問題，主因艮方動土，當年飛星八白又到艮方，故恐防傷及少男。結果教他在艮宮養魚，希望大事化小，小事化無。

結果，幾個月平安過去了，兒子也沒有發生甚麼事。

到接近聖誕時，孩子放假在家，邀得幾位同學到家裏玩，不料你追我逐玩得高興時，老伍的兒子不知怎的突然從樓梯翻下，當場頭破血流，急急送去醫院，縫了幾針，幸而吉人天相，最後終告痊癒下來。

而此事發生後，老伍打電話給我，說斗數真的靈驗，他的兒子果真遇到意外事件，但他相信是風水有補救，他的兒子才只發生從樓梯翻下的事件。

第五章

疾厄意外

斗數算出風流病

記得有一年，替一位姓江的朋友算紫微斗數，星盤列出後，發現他的大限遷移宮遇到廉貞星化為忌星，而是年流年則廉貞星化為忌星守疾病宮。

廉貞星化為忌星是主膿血之災。

因此，乃據實對江先生說：「廉貞星是屬於桃花，化為忌星是主膿血之災，但要知道，某些風流病也算是膿血之災的。」

「而今遷移宮見此星曜化為忌星，流年則在疾病宮，故今年遠行，絕對不宜尋花問柳，否則惹來風流病就會十分煩惱也。」

朋友聽後點點頭，認為這事應謹記在心裏，希望避過這個桃花劫。

江先生是做貿易生意的，經常會到外地去接洽生意，所以到了外地，很多時不免因為應酬而涉足歡場，風流一下。

這年他聽說會有這樣桃花劫，到外地去時就純粹為了公幹，有人邀到歡場去開心，也都婉拒。

到年底，他為了公幹要去菲律賓，與他接洽生意的是一位徐娘半老的女經理，與女人接洽生意當然不會到歡場，只是普通的飲食應酬而已。

一天晚上，在菲島某酒樓飲宴，女經理帶了一位麗人同來，江先生一見驚為天人。女經理帶來的一位佳麗，是西班牙裔的混血兒，樣子漂亮，身段誘人。女經理介紹與江先生認識，說是經營時裝的，以前一度是當紅模特兒。

在江先生的心中，認為不到歡場去，自然沒事，對經營時裝有正當職業的女性，就完全無戒心了。

說也奇怪，當晚那位佳麗與江先生似乎十分投緣，談笑甚歡，至席散，更相約後會之期。

至翌夜，兩人相約到夜總會去跳舞，軟玉溫香，江先生早已色授魂與。當晚，兩人藉着酒意，同回酒店，成其好事。

如是者江先生在留菲的十天內，幾乎有整個星期的夜裏是與這位西班牙裔混血女郎鬼混在一起，及江先生要離開菲島回港時，還送了她一件十分名貴的飾物。

但江先生回港後，不夠幾天，即發現下體不舒服，兼且有膿流出，這時江先生大驚起來，心念對方既非歡場女兒，如何仍會「領嘢」？

經過一番治療後，終於痊癒，但江先生一直耿耿於懷，到過了幾個月，他剛好又有事要去菲律賓，經過打探，原來那位表面是經營時裝的佳麗，暗地裏卻是客串式的應召女郎。

後來江先生把這事據實告訴我，並說紫微斗數的確靈驗，連小小的風流劫也算得那麼準確。

斗數看出皮膚病

「紫微斗數」的細緻，在很多地方是其他各門的中國術數所無法做到者。舉例來說，如皮膚病這些並不重要的疾病，在紫微斗數中也可顯示出來。

一九八五年時有一位朋友邀筆者替他看紫微斗數，從他疾病宮的星宿顯示，他當年會患上皮膚病，結果朋友說是對的，他說不知怎樣，踏入當年乙丑年後，腹部的皮膚十分痕癢，似乎是疥癬之類的東西在作怪，屢醫無效。

朋友問我可有甚麼辦法避免，我說：「紫微斗數只能看出人會有甚麼事，但卻是沒有辦法去解拆的，要解拆就只能憑風水之力。」結果朋友央我去看一下他的家宅風水。他住的地方是在港島東區，用羅經測定後，我發現原來當年他的住宅是六七到門，難怪會有皮膚病了。結果，我教他在入門處，也即在他家裏組合櫃的地方養魚，要養黑色的黑摩里魚，一共養六條，若有魚兒死亡，便需立即添上新魚，總之一定要維持六條的數字，不能多也不能少。朋友當然如言照做了。

事隔兩月後，在街上碰到這位朋友，問他的皮膚病情況如何？他說已痊癒了，可見風水之道，對一些小事有時也是十分有用的。

其實若不化解，六七到門也可見官非的！

星盤顯示患腫瘤

記得在多年前某天，朋友胡太打電話來，說希望我替她的一位朋友算算命，因為她現在麻煩到不得了。她說出了她的生辰八字，但並沒有說有甚麼麻煩，並且希望我能早日替她算算。因為情況很着緊云。

星盤列出後，我也覺得情況頗為嚴重，於是打電話給胡太，說希望她的朋友致電話給我，讓我先在電話中問她一點細節，以看她的出生時間是否正確。

她的朋友叫張太，果然不久打電話來，我在電話中對她說：「因為我未見過你，為了確定你的時辰是否準確，有幾個問題想問問你，第一，你的身材應該不高，最多在五呎一二左右。第二，皮膚十分白皙。第三，手毛相當長。」

張太答道，全對了。

至此，我對她說：「你的星盤應該準確了，目前的麻煩，據星盤的顯示，是患腫瘤。」

張太在電話中顯得很吃驚的答道：「對的，以前曾割過子宮瘤，到最近發現原來別處還有，但由於身體太衰弱，醫生不敢馬上再開刀，所以很困擾。」

從星盤顯示，他們夫妻會有生離死別之事，而且立刻就到。

於是，我就對張太說：「現在當務之急，是你的先生如果有遠行，應該馬上去，如無地方去，則最低限度要分房而睡。」

張太因為我與她從未謀面，而能說出她那麼多東西，心中已有信心。對我吩咐她暫時要與夫婿分房而睡的事，也照做了。

但張太接着問我：「就這樣可以了嗎？」

我對她說：「這是權宜之計而已，最好是找一名師看一下家宅風水。」

結果不久，她找到馬大師替她的家宅看風水，而馬大師事後亦認為我吩咐她夫婦暫時分房而睡是一個很好的辦法。

主要原因是她的家宅風水，也顯示夫妻有生離死別之事。在遇到這種情形，人為的先行自己分開一下，所謂應一應風水，往往是可以逃過一些劫數的。

說也奇怪，自馬大師替張太的家宅看過風水後，叫她改走大宅的另一門，並教了她在入門之處養魚，在屋角掛起一個風鈴，還有在屋的某個地方添上紅色。結果，不夠一月，張太的健康果然一天天的好起來。雖然同樣是看醫生，但藥石好像特別有靈。

而到現在，張太已經完全痊癒了，而照時間計算，兇險的星宿已經過了宮，即轉移到會照不到自己宮度，而健康亦隨着好轉。

而在斗數中顯示她夫妻會有生離死別之事，卻由分房而睡避過了。

斗數與風水之玄妙，很多時看來難以解釋，但事實如此，卻往往使人不能不相信也。

安錯床位兒子多病

風水之於疾病，效力可説最為直接，亦極靈驗。

記得在某年年初，有一位姓張的朋友對我説，不知怎的自從踏入該年之後，他的兒子就經常患病，及後更患上鼻竇炎，屢醫罔效。他希望我替他的兒子算一下紫微斗數，看他的疾病甚麼時候才可痊癒，或者替他看一下家宅風水，總之是希望他的兒子早日恢復健康。

在草列紫微斗數的星盤後，覺得他的兒子的疾病宮雖有煞星纏繞，但有天梁星化解，理宜可以逢凶化吉。

當時替他兒子算斗數時是四月，我於是便對老張說，到五月芒種之時，他兒子的疾病應該痊癒了。

但老張還是半信半疑，堅持要我到他家裏走一次，看一下他的家宅風水。

在無可推辭下，惟有攜同羅經到老張的家裏去，老張住的是六運乾宅，兒子安床的位置適在坎方，該年二黑再飛到，無怪多病了。

結果，教老張把兒子的床位改到兑方，並對他說到五月之後，他的兒子的健康應該漸好才對。

老張如言照做後，他的兒子也繼續看醫生，而奇怪的是，自從搬過床位之後，藥石也好像特別有靈似的。結果，真的到五月時，他兒子的鼻竇炎治好了，而健康也一天天的好起來。可說斗數與風水也同時應驗了。

安錯床引致腹痛

紫微斗數若能同時配合風水學來用，往往會有十分理想的效果。原因是紫微斗數細微，人生運程如何及將會遇到甚麼疾病，在星盤中都會十分準確的顯示出來。因此，若能看紫微斗數，預先知道會發生甚麼事，有了焦點之後，然後利用風水的力量來化解，很多時候就會變成大事化小，小事化無。

年前替一位朋友胡女士算紫微斗數，從星盤上顯示出她該年會常患腹痛，問她是否有這個現象？胡女士說：「說來也奇怪，以前我是很少腹痛的，但近月自從搬入新屋居住後，就經常腹痛如絞，屢次看醫生，醫生也無法決定是甚麼原因，吃些止痛藥好了，但不久又復發。」

這時候我已清楚知道風水會有助力，特別是她提到最近才搬了新屋。而且從她說話中知道她搬新屋後，還未請名家看過風水。

胡女士後來邀我到她家裏去看一下風水，以決定是否因風水問題而影響腹痛。

胡女士住的是七運樓，山水有情，風水算是不錯，只是她安床的路氣適值二四同到，巽木尅坤土，而坤卦主腹，所以她有腹痛。

結果，決定教她把床安到避過二四來路的位置，她如言做了，說也奇怪，此後不再有腹痛之事，而且財氣比以前旺許多。

手臂痠痛風水攸關

對於疾病，風水的效果，使不少醫生也感到莫名其妙。當然不是風水好就不會有病，有病仍然應該看醫生，只是風水好的話，藥石也較易有靈。

有一位歌星，她的丈夫是外國人，以前是不信風水的，現在對風水推崇備至，就是因為見過風水的效力也。

話說這位老番，來港多年，對香港的情況十分熟悉，風水一事也略有所聞，只是半信半疑而已。

在他辦公室的地方，從窗口望出去，剛好有兩支發射塔形狀的東西，而他的辦公桌，就在挨近窗口之處，他是背着那個發射塔形狀的東西而坐的。

他身體十分強壯，只是常嚷着右手臂及膊頭的地方痠軟，有時且有痛楚的感覺，看過很多醫生，都只是說他是肌肉疲勞，多休息就不礙事，並沒有查出到底患的是甚麼病。

於是他決定放假一月，攜太太到外地度假，徹底的休息，希望肌肉疲勞這疾病能不藥而癒。

說也奇怪，他放假一月後，右手臂與膊頭的痠痛果然好了許多，他也認為是過度疲勞所致。到假期結束後，他重新上班，不料不到兩天，他的右手臂與膊頭又再痠痛起來。

這位老番見右手臂與膊頭又再痠痛，於是把實情告訴太太。

由於他的太太是中國人，早在朋友口中聽到馬師傅的風水十分了得，於是便興起看一下風水的念頭。

在輾轉相託之下，終於給她找到馬師傅替她看風水。馬師傅看過她的家宅後，認為財星很旺，只是難求添丁。但這位歌星看風水的目的，乃在丈夫的手臂及膊頭痠痛之事，於是如實以告，馬師傅認為家宅沒有問題，那麼就必須看辦公室的風水了。

再約定了時間，馬師傅到這位老番的寫字樓去看風水，發現他背着兩個發射塔的東西而坐，乃恍然大悟。

結果馬師傅教他在辦公室的右角安裝一盞紅色燈罩的枱燈，他的右手臂和膊頭的痠痛會不藥而癒，而且在機構內的權力會增加。老番在半信半疑之下，認為安裝一盞紅色燈罩的枱燈，靈驗與不靈驗也無大礙，結果照馬師傅的意思做。

說也奇怪，老番自從在辦公桌上加了一盞紅色燈罩的枱燈後，不夠一個月，右手臂與膊頭的痠痛果然不藥而癒了，再過兩個月，更以升職聞。

自此事後，老番不但自己篤信風水，還介紹其他友好的老番看風水，亦云妙矣。

牙痛也是命中注定

牙痛本來是一種很小的疾病，但中國人常說「牙痛慘過大病」，是為小病而有大病之苦也。

在紫微斗數中，由於有些很小的事情都可以算出來，所以，牙痛同樣可以算出來。

有一位姓黃的朋友，一九八五年初時曾邀我替他算紫微斗數，星盤列出後，我發現當年他的疾病宮見有武曲星化忌，只是單化忌，所以主牙痛，當時我對他說，立春後，就要特別小心牙病等問題。

但老黃對我說，他的牙齒過去一直都很健康，看來不會有大問題吧？我當時說，斗數徵驗很多時是十分準確的，還是去檢查一下有沒有齲齒，預防勝於治療也。

但老黃認為自己一生極少牙痛，所以沒有理會。

結果到了當年三月的時候，老黃打電話給我，說不知如何近日牙床經常發炎，看了很多次醫生，但時發時好，問我可有甚麼辦法。

我只有對他說，紫微斗數看出一個人會發生甚麼，要解拆就只能憑風水，但牙痛這些小病，雖然是慘過大病，但看來不必聘風水先生看風水那麼大陣仗，並預言他六月後會沒事。

而結果，到六月後，老黃的牙床病果然不藥而癒了，斗數之驗，有如此者。

頭暈找不出病因

記得在多年前，替一位姓陳的朋友算紫微斗數，當年發現他遇到文昌星雙化忌進入疾病宮，通常文昌星雙化忌進入疾病宮，是主常有突然頭暈或突然昏厥之事，但卻不會致命，只是常常突然感到頭暈，那麼做起事來，也會十分不便，而且若有突然昏厥，更會嚇人一跳。

當時我就把情況老實的對陳先生說了，要他多注意這方面的健康，例如盡量多點早睡早起，或參加晨運、太極等活動，希望就算不能防止上述疾病，但保有健康的體格總是較為上算。

老陳聽了我的話之後，果然盡可能的早睡早起，只是沒有參加晨運和太極班。

到年底之時，我就接到老陳的電話，說不知怎的在過了冬至之後，就經常感到頭暈，而且有一次在酒家中與朋友晚飯時，突然暈倒昏厥過去，嚇得朋友手忙腳亂，有人替他搽藥油，有人打電話叫救傷車。

但救傷車來的時候，老陳已經蘇醒過來，連聲說自己沒有事，也不願入醫院。

朋友沒法，只有護送他回家休息。

如是者過了一個星期，老陳仍是常感到頭暈，便打電話問我，要到甚麼時候才不會有這個現象，而且他也看了幾位醫生，情況並無任何改善。

當時我對老陳說，到立春之後，就應該沒有事的了。

而老陳在那段時間，也看了多位醫生，就是無法找出病灶所在。而將近立春之時，老陳有一天遇到一位姓何的朋友，是從大陸來港不久的，在大陸時是一位醫生，曾習西醫，對中藥的藥性也熟悉，只是在港不能掛牌，故此改營別業。

這天老陳遇着他，便把自己的病況告訴他，問他這是甚麼病症。何先生忽然若有所悟的對老陳說，他在大陸時也見過這種病狀，驗血糖及做腦掃描也無法找出病因。到後來才知道可能是腦的微絲血管痙攣所致，情況相若俗語的抽筋，過後就無法查出病因。他說在大陸的那位病人，後來服食黨參與當歸而痊癒，該兩味中藥，是通血氣之藥，正常人吃也無礙，並把份量與服食方法告訴他，勸他不妨試試。而且說明當歸有去瘀血之功，不一定限於婦女服食的。

結果，老陳果如何先生所言，每週都煲一次當歸與黨參來進服，果然頭暈的現象減少了，大概一個月後，已是完全痊癒過來。

而這時剛好是過了立春不久，所以老陳事後對我說，一切事都好像是命中注定的，自己若非遇到何先生，可能至今仍有頭暈現象。但到命中注定沒有頭暈時，就會遇到貴人相救。

被蛇咬傷有定數

有一位姓陸的朋友，多年前曾邀我替他的兒子算紫微斗數，初時我予以拒絕，說他兒子年紀還小，只有十五歲，但陸君堅持要我算，據說不知是否因為是獨子，夫婦倆特別擔心，而且兒子很好動和喜歡游水，聽人說獨子最容易遇溺，所以想找我算一下是否有水險。

在無法推辭下，只有起列星盤了，發現當年他的兒子遇到廉貞星化忌會照武曲星及破軍星，通常在這種情況下會遇到木壓雷驚或為獸類咬傷等情況。

我把上述情況如實的對陸君說了，並說明不會遇到水險，只是怕有木壓雷驚或為獸類咬傷。

陸先生聽後問我，假若他的兒子為家中的狗咬傷，算不算數。

我說那也是算數的，因狗也屬獸類。

結果，陸君家中本來養有貓狗的，通通送了給人，不再養貓狗，以防萬一。

幾個月下來相安無事，到暑假時，他的兒子到野外去露營，在草叢中玩耍時被蛇咬傷，幸而那條蛇並非毒蛇，敷藥後總告無事，吉人天相。

而事後陸君打電話給我，告訴我這事，並說他的兒子應該已度過劫數了，給蛇咬傷與被獸類咬傷情況相似，斗數是靈驗了。

斗數看出有車禍

在年前，替一位獨自一人住在香港的姓伍的朋友算紫微斗數，發現他流年走到廉貞星化為忌星，兼會照到武曲星，在這種情形，以古代來說，多會有木壓雷驚之險，但在今日的社會，很多時是會變成遇到車禍等事件。

我記得當時對伍先生說，本年度非常不適宜出門，搭船搭車均要小心，應盡可能乘搭公共的交通工具，因為公共交通工具一般來說較為安全。

伍先生當時問我情況是否十分嚴重，我對他說嚴重情況如何，就要看家宅風水是否有助力了，當時我記得他所住的住宅方位，略一思索後，我教他在入門的地方養六條黑色的魚，用圓缸養着，可以擋煞。

話說到當年的十月，是年已經過了大半，伍先生漸漸的認為風水之力保得平安之時，有一天，他下班後在街上閒逛，準備買點東西回家，不意就在這時一架私家車不知怎地突然衝上行人路，把伍先生撞傷了，要送入醫院治療，結果住院一星期後，尚幸吉人天相可以出院。

而更使他訝異的是，當他回到家中時，發現家中入門地方養的一缸黑魚，全部死亡。

這時，他深信自己逃過大難，是因為養了一缸魚擋煞所致。

斗數看出池魚之殃

記得壬戌年（一九八二年）年初之時，替一位朋友算紫微斗數，發現他的星盤遇到武曲星化忌及廉貞星化忌，兼且七殺星正照。

當時我對這位朋友説，本年度極須小心意外，危險的事不可做，見人在街上打架也應走遠些，以免受到池魚之殃。

朋友聽我這樣説，不期然的問我有沒有生命危險，我對他說：「生命危險則不會有，如果夠運及步步為營的話，可能只是跌一跤而已。」

朋友在這年，果然凡事十分小心，連最喜歡的游泳、爬山等玩意也戒絕！家中所有足以引致危險的東西都換過，目的在以保不失。這樣的過了大半年，接近冬至之時，他漸漸的鬆懈起來，心想不久就過年，應可以避過了。不料，有一天晚上，他與幾位朋友打完麻將後，有人提議去宵夜，他在無可無不可的情況下隨着各人到夜店宵夜。說也巧合，剛好在宵夜時遇到飛仔開片，朋友心急的搶出大門逃走，被在門外埋伏的飛仔以為他是對方的人馬之一，把他痛毆一頓，險些兒命也不保。

朋友在遍體鱗傷之後，大嘆命之不可逃。經過一番治療，雖然痊癒，但仍留有可怖的印象，而他對紫微斗數算人禍福的準確程度，更為折服。

壽元已盡風水無助

一個人壽元已盡，能否藉風水之力去挽救，或增加其壽元，答案言人人殊。一命、二運、三風水，依次序來說，是命主管了一切。風水對財運與健康可以有一定的助力，但對壽元，則似乎是毫無辦法的。所以，從來都只有說積德可以延壽，從沒有人說風水可以延壽的。多年前，有一位姓黃的朋友對我說，他有一位居住在澳門的弟弟，患嚴重腎病，不知是否與住宅風水有關，希望我到澳門一行，替他看看。由於是多年朋友，只有整裝就道。

及抵澳門，見到他的弟弟面色甚差，髮也脱落了，知病情嚴重。當時，我問他的弟弟要出生年、月、日、時等資料，先用紫微斗數起星盤來看，見是四煞並照，知道他的弟弟大限難逃矣。但當時我不敢對他的弟弟明言，只好言安慰他靜養。但卻把實情告訴了他的哥哥，並說明要保密，以免影響他的病情。

及用羅經看他的住宅風水，他住在閣仔，是六運坤宅震宮門兼震宮樓梯，是二五交加之局。雖盡法替他補救，但仍勸他早日搬屋為宜。

原來，他因病早已有意搬屋，而且買了新屋，只等入伙紙，不料入伙紙遲遲未批出，不到一個月，一病不起，亦命也。

壽元已盡添壽之例

上一代的中國人，很多都相信積德可以延壽這回事，而對術數有研究者，亦多相信有「壽添一紀」的事。「一紀」是十二年，亦即是說一個人積了德，縱使命裏壽元已盡，也會添壽十二年。

曾經見過一個很奇怪的例子，使醫生也無法解釋的。

話說有一位陳醫生，在醫學界裏相當有名氣，他有一位姓鍾的同學移民到美國的大學任職教授，但同學的母親鍾老太卻不喜歡美國的生活，寧願一個人獨自回港居住，據說在香港親戚朋友多，閒時可以搓搓麻將或找朋友喝茶聊天，不似在美國生活的寂寞云。

這位鍾老太年紀在七十歲左右，身體雖然瘦削，但健康情況一直很好，正是廣東人所說的「行得食得」，可以自己一個人到處去，不須人扶持。

正是「天有不測之風雲，人有霎時之禍福」，有一年，鍾老太在街上幾乎給巴士撞倒，尚幸吉人天相，並無損傷。但經此一嚇，不久鍾老太即行生病。鍾老太過去有病，都是由陳醫生治理的，這次也不例外。據陳醫生診斷，認為她老人家是心臟衰弱，需經長時間治療。

但這次鍾老太的病，卻一天比一天沉重，終於送入醫院。

鍾老太入院後，仍是由陳醫生主診，但病情並無任何轉機。直至有一天，鍾老太的病情再惡化，心臟十分衰竭，要用醫院的設備才能維持其脈搏，經幾位名醫會診後，認為已經無望了。

這時陳醫生只有急電在美國的同學鍾先生，把實際的情況告訴他，希望他立即回港為母親辦理後事，隨後陳醫生收到回電，要他盡量維持他母親的生命，待他回港。

當時幾位名醫都認為，只要撤去維持脈搏的設備，鍾老太就會立即死亡了。換句話說，鍾老太之能夠維持不死，全憑醫院的維持脈搏的設備而已。

過了兩天，鍾老太的兒子鍾先生回來了，說也奇怪，自從他到醫院去探望過他老人家後，鍾老太的病情卻一天天的好起來，直至完全康復，醫生都嘖嘖稱奇。

鍾先生後來拿母親的八字去找一位名家算命，名家也算出那年他母親有一劫數，但說積德可以延壽或者壽添一紀。

在醫生也無法解釋他母親為甚麼會康復的情形下，鍾先生就更相信是因為他母親平日喜做善事，樂於助人，而致添壽。

直至過去多年，鍾老太還健在，同樣可以獨自出外找朋友喝茶聊天，鍾先生也繼續回到美國去任教，世事之奇，有如此者。添壽之說，不可說無稽也。

第六章

事業財運

劫數難逃

有一位朋友陳先生，我在一九八二年年初時曾替他用紫微斗數算命，當時他正意氣風發，但他亦正在進入新的大限，剛好遇到太陽化忌在事業宮，已有事業開始不穩之象，而流年則遇天盤的天機星化忌落在財帛宮，故肯定他那年必定會遇到事業上很大的波折，而經濟上亦會周轉困難。

記得當日曾經對他說希望他緊守過去所得，生意也不宜擴大，應該步步為營，以不變應萬變。

不料他聞言哈哈大笑的說：「我剛簽了一張合約，數額相當大，單廣告費已達二百萬元，除去廣告費後，我還應有相當的利潤，你沒有看錯吧！」

我正言的說：「星象的顯示就是如此，希望你盡量小心！」

結果，這位姓陳的朋友在那年幾乎破產，原來所簽的那張約，他是履行了做廣告的責任，二百萬元花了出去，但人家卻毀約而沒有替他買貨，貨存在倉裏還要付倉租。本來他準備起訴與他簽約的公司，但後來發現合約條文全部是有利於對方，自己並無勝訴的把握而作罷。

隨着禍不單行，其他的生意亦告虧本，一而再再而三的打擊，結果使他的經濟遭遇到空前的困難。正是劫數難逃也。

經此打擊之後，他不得不信命了，而對紫微斗數也就更佩服得五體投地。

上文所談到的陳君，既然從星盤中看出他在事業上有極大的波折，便相信他的住宅風水必有問題，因為根據過去的經驗，這經常是很配合的。結果他約筆者到他的住宅去看一下。

他住的地方是在一個交通不甚方便的郊區，樓高二十餘層，他住在二樓，用羅經測度，此宅對他來說一無可取。在研究一番有何解拆之道後，最後還是決定勸他搬屋，希望他能在二月驚蟄之前搬走。

當時他雖然對自己的生意信心十足，但念及風水之道不可不信，而開始找屋搬了。

但不知如何，找極都找不到合他心意的房子，筆者與他忝屬老友，也曾替他找過屋子，記得有一次，覺得太古城某座大廈風水不錯，而且有單位出租，於是勸他搬去太古城居住。但當時東區走廊未通車，他嫌那裏交通不便，早上的交通更亂，說甚麼也不肯搬到太古城去住。

結果，一拖再拖，不是嫌找到的地方過小就是過大，又或環境不合心意，終於拖到三月，他生意的問題出現了，這時他搬屋之心更切，不知怎的總無法找到合他心意的房子。

到困難重重之時，已近聖誕，他才找到合心意的房子，但在生意上，大勢已去了。

亦巧合也。

辭職顯示在星盤中

以紫微斗數算命，每十年稱為一個大限，亦即管治十年內的運氣，所以遇到極兇險的大限而致死亡的話，就稱為「大限難逃」。而遇到好的大限，自然那十年內十分風光，而其中吉凶程度，則憑流年去加減。

一個人的命運，遇到甚麼大限會發生甚麼事，都是如應斯響的。很多時使人無法解釋，也無道理可言。

筆者有一位姓翁的朋友，受過相當的教育，年僅四十，是一位高級的白領階級，在一間頗具規模的洋行任職經理，月入萬餘元，太太也是職業女性，夫婦兩人的收入，相加起來月入二萬餘元，在當年來說正是不錯的收入，婚後數年已有一子一女，一家四口的生活可說樂也悠悠。在一九八二年（壬戌年）時，這位翁先生曾找我替他算紫微斗數。

星盤列出後，發現他在翌年即會進入一個新的大限。為了確定星盤的準確性，我先問他兩件事，查驗他出生的時辰是否準確。

當時我對翁先生說，如果他的時辰準確的話，父母應在他十二歲之前已經離婚，第二，他本人應有一種外表無人看得出的疾病，如皮膚敏感或風濕等。

剛說完，翁生就說都對，並表示自己有皮膚敏感，所以夏天也穿長袖的衣服。

既決定了翁先生的星盤是準確了之後，我即對他說明年一九八三年（癸亥年）進入新的大限。在這個新的大限內，運氣仍然不弱，但會有兩次的職業轉變，一次的轉變應在明年交入新運後八月時立即發生。

翁先生聽我這麼說後，搔搔頭的說：「不可能吧！我在目前的洋行任職已經超過十三年，由中層爬到今日的最高層，雖然這個經理級的職位很辛苦，但不管如何，我會很珍惜這個職位，除非公司結束或炒我魷魚，否則我決不會貿貿然辭職不幹的！」

我待他說完後便對他說：「算命不可講道理，講道理就不是算命，你命中注定會辭職不幹就會辭職不幹，決非公司炒你魷魚。」結果，到一九八三年八月時，翁先生真的以辭職聞，原來有另一間更大規模的外資洋行在香港設立分行，以重金物色經理人才，拉了翁先生去替他們服務。薪酬是翁先生當時的兩倍，翁先生結果真的心動，辭去原有職位加入新公司。

翁先生後來打電話把實情告訴我，並說紫微斗數真的很靈驗，而且說不單只這件在他來說是大事很靈驗，其他所說的小事也一一應驗了。而自此以後，翁先生每年的年初，都跑來找我替他算一算當年的流年，以看該年內會有甚麼事發生，甚麼時候會有二次職業轉變，可算篤信斗數之至矣。

滿腹牢騷自尋煩惱

天同星化為忌星守命，不論對男人或女人來說，同樣是十分不滿現實的人，而且會十分感情用事。

而這種性格的人最易壞事。

記得多年前，我替一位姓曾的朋友算紫微斗數，就是天同星化為忌星守命的人。他的個性完全顯示了天同星化為忌星的缺點，經常不滿現實。他本來是一位頗為高薪的白領階級，生活正是過得不錯的，但就是經常滿腹牢騷，常認為老闆薄待了他。

在替他算命的那一年，他的流年剛好遇到紫微星與破軍星同時進入奴僕宮，通常星盤出現這現象之時，如果是受薪階級的話，很多時就會離開自己的工作崗位。如果做生意的，就會與合夥人拆夥。當時我把這情況告訴老曾，而老曾當時的表現也滿不在乎，只是問我如果辭職不幹，接着而來的運氣如何，他最關心的還是這些。我熟視星盤一番後對他說，最好還是固守原來崗位，百忍成金，以忍為上，因為接着而來的運氣並不太好，離職後可能會遇到困難。老曾當時點點頭，似是心中有數。

果然，不出半年，老曾真的辭職去，據說將與朋友搞生意。但不知怎的，在老曾辭職後，原打算與他合作的朋友卻突然變卦，結果搞到老曾再四出求職，做了多個月的「量地官」然後再找到職業。與星象的顯示吻合了。

從奴僕宮看合夥情況

大概在一九八二年時，一位姓麥的朋友邀我替他算紫微斗數，麥先生與我雖然只是普通朋友，不能算得太熟絡，但我知道他是經營工廠，做玩具生意的。

當日替他列出星盤後，發現他的星盤到一九八四年（甲子年）之時，新的大限到了紫微星與破軍星同守奴僕宮。在一般情形之下，紫破兩星同守奴僕宮，若是打工的話，則必然會離職，若與人合夥做生意的話，則會與合夥人拆夥。

當時我把這個情況告訴麥先生，不料麥先生說：「不會吧，我的合夥人是我的好朋友，也是中學時代的同學，大家感情很好的，從未為利益而有過紛爭，我很相信我們不會拆夥的。」

我說算命之事有時很難說，不能講道理的，我常說如果講道理，講邏輯就不是算命，那是推理而已！

麥先生聽我這樣說，也不再與我爭論，只是把這事記在心中，也沒有把算命的結果告訴他的合夥人。如是者過了兩年，到一九八四年（甲子年）了，年初時還毫無兩人會拆夥的跡象。

麥先生對於此事一直留意着，也十分小心不要得罪合夥人，凡事盡量得到合夥人的同意然後去做，以為這樣可以萬無一失。

不料，到年中之時，他的合夥人果然提出把生意全部讓與麥先生。此事大出麥先生意料之外。

因為他們經營的工廠，年年都賺錢，在利益上大家並無衝突，麥先生問心亦並無佔過合夥人半點便宜，那麼合夥人為甚麼甘心把生意全盤頂讓與麥先生呢？

麥先生對他的合夥人説：「我們是好朋友，也是同學，有甚麼不開心之事説出來好了，何必一定要拆夥呢？」

不料麥先生的合夥人説，要求把生意全盤讓與麥先生，並非因為大家意見不合，只是因為自己準備移民，到加拿大發展，所以願意把生意全部讓與麥先生。

麥先生聽後放下心頭大石，總算並非因為合夥人不滿而拆夥，但不明白朋友為甚麼突然有此決定，而且從來未聽過他有移民的意思。

這時麥先生的合夥人才告訴他，原來他有一位姊姊在加國，經常希望弟弟能到加國發展，但過去他一直無意此事，只是後來有了九七問題，而太太亦想改變一下環境，也為了兒女的學業問題，故此才決定移民。

麥先生聽他如此說，也無話可說，只有照朋友的意思把生意全部頂下來，成為獨資經營。

不久，麥先生即打電話把這事告訴我，說一切都好像冥冥中有主宰似的。

炒股票

在紫微斗數中，文昌星與文曲星如果化為忌星進入財帛宮，則絕對不適宜作投機之事，投機必然損手，包括炒金、炒股票在內。

記得在多年前，曾替一位朋友算紫微斗數，就發現當年流年遇到文昌星化為忌星進入財帛宮。這位朋友姓何，在一間大公司任職會計，平日對股市十分有研究。亦知道他偶然看準機會也會炒一下。

所以特別對他說明當年不宜炒金和炒股票，否則必然損手。

何先生聽我這麼說，初時果然對股票毫不動心，不管有甚麼好消息，也決定不沾手。

不料過了兩個月，股市太好，節節上升，何先生看見很多朋友都賺了錢，自己不免開始動心，但仍警惕自己，要在最穩健的情況下方可下手。

到年中時，他已再也忍不住了，眼見不少朋友賺了錢風花雪月，又再有「魚翅撈飯」的氣餒。結果，打破了自己的戒條，先行小試，但仍是抱着十分小心的態度，只買一些具有實力的藍籌股，寧願賺少點也以安全為守則，結果，不到一月光景，果然給他賺了一筆小財。

就在這時，他認為紫微斗數不靈驗了，並且後悔過去白白放過了不少機會。

何先生在股票上發了小財後，膽子愈來愈大，亦相信股市應繼續好景，而何先生的職業亦容易與股市的人接近，所以消息特別多。

到這個時候，何先生完全忘記了紫微斗數文昌星化為忌星不宜炒股票之事。

而且在得到小甜頭之後，縱使有人再提醒他，他亦未必會相信。

結果何先生果然把賺來的錢連同本身的積蓄，大筆的向股市進軍，並購有十分投機性的股票。

而奇怪的是，自何先生大手筆的向股市投資後，股市即告開始牛皮。只是仍有部份繼續上漲，而漲幅已經不大了。

何先生認為這不過是遇到股市的調整期，並不急於出售，結果，不夠一個月，何先生變成了「大閘蟹」，手上的股票全部都低於買入價，如果這時放出就要虧本，如果不放，則資金全部被凍結。

到再過一個月左右，何先生的父親突然因病入院，何先生急需籌措醫藥費，這時他顧不了許多了，虧本也要把手上的股票出售，以期套回現金替父親治病。

此後不久，我再遇到何先生，他把上述過程告訴我，並說在股市上真的損手，正是人算不如天算，無話可說，只是相約我翌年初一定要再替他看流年而已。

斗數顯示有破財事（上）

記得多年前替一位外地姓孔的朋友算紫微斗數，草列星盤後，發現文昌星雙化忌落在奴僕宮，而流年則財帛宮遇到天同星化為忌星。通常在這種情況下，是說明了當年會受到朋友或手下人之牽連而破財。

當時我對他說明一切，要他留心屬下的職員是否忠實。同時對朋友不可過信，以免被牽連破財。孔先生並非本港人，是在某地做貿易生意的，他對紫微斗數十分篤信，自從聽我說那年會在這種情形下破財之後，果然對信貸方面特別小心，也留意職員中是否有不忠實的行為。

如是者過了半年，公司也沒有出現甚麼差錯，財政方面也十分健康。

直到有一天，奇事發生了，孔先生簽發的一張面額並不很大的支票，接到當地銀行的電話通知說存款不足，問孔先生是否可以立即補足存款，否則就會退票。

孔先生聽了這個電話後，大為愕然，因為自己知道在銀行是有充裕的存款的，何以會有存款不足的現象出現呢？

孔先生立即趕去銀行調查一切，並對銀行說明自己應有充足的存款。

銀行經過一番核對後，終於發現有一張巨額的支票，是以孔先生的名義簽署的，孔先生一看那張存底的支票，當堂暈了過去。

職員作弊提去巨款（下）

話說銀行出示一張以孔先生名義簽發的巨款支票，孔先生一看當堂暈了過去。原來那張支票並非孔先生簽發的，是有人冒效孔先生的簽名簽發，但公司的圖章卻是真的。

對於這件事，孔先生自然向當地警方報案，要調查是誰人偷得公司的圖章，及冒效自己的簽名而提去巨款。

經過多月的調查，終於查出是一名離職的職員，串同公司一名職員作弊，先影印孔先生的簽名，連續仿效他的簽名多月，到認為冒效到差不多可以亂真之時，然後設法偷得公司的一張支票，並蓋上公司的印鑒，再由他們冒效孔先生的簽字。結果，銀行一時不察，竟給他們的詭計得逞。

最後，兩名串同作弊的人自然受到法律的懲罰。然因支票上的印鑒是真的，銀行方面認為孔先生也該負一部份疏忽的責任，結果只允賠償部份損失作為和解，而孔先生也不為已甚，算是破財擋災了。

事後一個月，孔先生因生意再來香港，找到我之後說明了一切的經過，除了嘆息天意要你破財而無法避免之外，更盛讚紫微斗數之靈驗。

斗數看出遠行失竊

某年年初，一位姓廖的朋友，拿他自己列出的星盤來給我看，要我說一下他當年的吉凶。

廖先生自己懂得起星盤，但分析能力不強，所以常常來問我。

我見他星盤上的貪狼星，是化為忌星的，當年剛好守在遷移宮。

於是我對他說，整體來說，運氣比過去的一年好，但如果出外旅行，則應小心失竊。

所以我建議他如果到外地去時，最好是把銀包裏面的身份證或信用卡等東西拿出來，放到別處去，以免銀包被扒竊時，連身份證及信用卡等東西都失去，那麼要報失及補領就麻煩了。同時銀包上也不可放太多的錢，以盡量減少損失。

在二月左右的時候，他因生意要到廣州去走一趟，因尚記得我對他說過的一番話，果然照我的意思去做。當時只是抱着寧可信其有，不可信其無的心情而已。

不料這位廖先生從廣州回來後立即打電話給我，說幸而聽我的指示，損失不大，銀包果然被人竊去，因證件及身份證等東西早已取出放在別處，幸保不失了。

紫微斗數之細緻之處，有時確是非其他術數可以比擬的，連失竊銀包這樣的小事也算得這麼準確，使老廖無法不信服。

斗數可算出財運

每年馬季開鑼，不少馬迷都會關心自己在新馬季的財運，而紫微斗數算一個人的財運可說是最準確的。

通常，一個人的財運，是包括有正財和橫財的，一般人認為正常的收入就是正財，賭錢贏錢就是橫財。

但紫微斗數對正財也分為三種，祿存星之財，是由積聚而來之財。武曲星之財，是做生意或憑某種機會得來之財。太陰星之財是薪金或酬金之類的財。

至於橫財方面，在紫微斗數中，貪狼星化祿會到火星或鈴星，就必然有意外之財，這個意外之財包括做生意而得到意外的收穫，舉例來說，譬如有某宗生意，你原意是希望能賺一百萬的，結果到時遠超你的期望，竟然賺到二百萬等。

另有破軍化祿之財，更屬意外中意外之財，譬如說你並無意去買六合彩，但有朋友買了邀你合股，而合股後你且把這事忘記了，到開彩中了之後朋友通知你說中了六合彩，大大出乎你的意料之外。

我準備說一個自己親身經歷的故事，是自己如何在馬場贏了接近十萬元，在當年來說已是一個不小的數字。

記得在一九八二年（壬戌年）的夏天，賽馬還有幾次就結束了。

有一天，閒來無事，自己細意的去推算自己當月的運程，發現在那個月份有一天，財氣極旺。於是把這事告訴了太太，太太說：「到那天，我替你找幾個搭子打麻將，贏他們三幾千也不錯！」

不料這話卻觸起了我的思潮。第一，這樣好的財運才贏它三幾千，不是太低了吧！第二，既有財運，何必要贏朋友的錢。

而且更把這事告訴了不少朋友，朋友的反應共有兩種：一種是說到那天千萬不要找他們打麻將，一種是說到那天不妨去澳門大賭一場，並說要隨我同去。

但結果，我既沒有約朋友打麻將，也沒有去澳門，只是當晚有夜馬。本來，我賭馬的注碼是很小的，很多時不過買它三五十元，多是湊興式。但那天晚上，我下注了一百二十元，共買了十二條六環彩。

照星宿顯示，是福德宮的武曲星忌衝祿，會到祿存星，而財帛宮除祿存星外，還有七殺星。結果，當晚大熱頻頻倒灶，我的六環彩過了五關之後，叫餬是一共叫四匹馬，結果也是冷的一匹爆出，而派彩接近十萬元，在三十年多年前，十萬元已不是一個小數目了。紫微斗數算財運的靈驗可見一斑。

文昌化忌見財化水

有一位十分喜歡賭馬的朋友老李，在多年前的一個賽馬日的前一日，給我看一個他自己的星盤，問我翌日賽馬日的財運如何。

從他的星盤，細意計算一下流日，發現那天剛好是文昌星化為忌星進入財帛宮。

於是我對他說還是不賭為佳，以免激氣。

他追問我是如何的激氣，是買中了頭馬被人告甩乎？

我說這就不大清楚了，總之是本來應該有錢收而變成沒有錢收就是。

結果，朋友果然信我，本想去馬場搏殺的，也不去了。

但為了過癮，結果仍在四重彩的場合選了四匹馬去外圍投注站投注，而自己則在家裏看電視。（註：當年是有四重彩的，但後來取消了，變作三重彩。）

到四重彩的場合了，他特別注意自己所投注的四匹馬。賽果使他大喜若狂，他投注的四匹馬分別跑入一二三四名，這時他心念，只要沒有紅燈，就篤定收錢的了。

而結果也沒有紅燈，天下太平。這下子他真的歡喜到跳起來，自然的去拿出彩票來對一下，不料不對猶可，一對之下整個呆了。原來他買的八號誤畫九號，而九號卻是跑得無影無蹤的。

真的見財化水了，而文昌化忌亦主大意，疏忽等事，由大意疏忽以致由贏變為輸，亦靈驗。

昌曲化忌入財帛宮

文昌星與文曲星本來是主聰明的星曜，所以讀書人如果得到這兩顆星的會照，一般都會考試順利。

古時的人考科舉，十分重視文昌星與文曲星，其理即在此！

但文昌星與文曲星都是可以化為忌星的，如果化為忌星的話，則其特性就會變質，很多時是變成疏忽大意等。

如果這兩顆星曜化為忌星走進財帛宮的話，則並非意味破財，只是說應該有財而變成無財，本來是有錢收的變成收不到，如收到空頭支票等，在這方面，可說是十分靈驗的。

記得在一九八一年（辛酉），那年剛好是文昌星化為忌星，有兩件事使我印象十分深刻，現在分別寫出來。

第一件事，在一九八一年年初時，公關小姐珠珠曾經問過我當年流年如何，是吉是凶等。我清楚記得當日對她說：「流年遇到文昌星化為忌星，從流年的星盤顯示，今年極不宜炒股票，否則極易成為大閘蟹。」

當日珠珠小姐除了記着我說的話外，還分別對幾位朋友說了我的意見，變成了此事有多人見證的。

不料一九八一年年中時，股市大好，一般股票都不斷上漲，漲到一個時期之後，珠珠小姐便對我說：「這次破你招牌了！」

但到下半年時，股市忽然急劇下挫，不少人都措手不及而成為大閘蟹。

到這時候，我才悟出了道理所在，因這股市如非經過一個大好的假象，不可能吸引那麼多人炒股票，也就是說無法使得那麼多人成為大閘蟹。

在股票急劇下挫後，除了珠珠小姐外，還有不少朋友知道我曾預言此事，事後對斗數之料事，均給以很高的評價而其中有一位因一時貪念，以大量金錢投入股市的，事後更後悔不迭，後悔不信紫微斗數星象的預言。

自此之後，不少朋友在投資股票之前，雖然自己對股市有十足十的信心，很多時也會先來找我替他們算一下紫微斗數，看是否能在這方面投資賺錢。如果我說不利於這方面投資的話，很多時他們也就寧願忍手，正是見過鬼怕黑也。

第七章

風水玄機

掛風鈴招來噩夢

風鈴在風水上可以起到很大的作用，但卻不可亂掛。

很多邀請過風水先生看家宅風水的人，都會有這個經驗，風水先生有時會教人在家中某個地方掛一個風鈴。

而一般人對風鈴有甚麼作用不甚了解，只要風水先生這麼說就照掛如儀而已。

其實風鈴是代表六數的，在家宅某個地方有需要加強六這個數時，風水先生就會教你在那個地方掛風鈴。

而風鈴未經人指點不可亂掛卻是真的，記得有一位朋友陳先生，他的太太經常有病，他聽人家說風鈴有擋煞的作用，便買了一個掛在大門口的地方。

這個風鈴掛起後，他太太的病並未好轉，而且有加劇的現象。

有一天，他邀筆者到他家裏去走一趟，在發現入門處有風鈴後，便問是誰教他掛這個風鈴的，他說只是聽說掛風鈴可以擋煞，所以買一個來掛掛而已，接着問有甚麼影響。

由於該屋二五到門，所以朋友的太太經常有病，現加上一個風鈴上去，便等於二五六同到，是為天地人三卦均齊。

我便對陳先生說：「這風鈴對這家宅並無幫助，但掛起這風鈴後，你的太太應該經常發噩夢，而且還經常夢見死去的親人，試問她看是否情形如此。」

他的太太立即恍然大悟的說：「真的，自這個風鈴掛起，我不是發噩夢就是夢見已去世的父親或姑媽等人，真奇怪。」

陳先生聽太太那麼說，便問我有甚麼辦法。

我便對他說，根據他住宅的風水，掛風鈴沒有用，養魚的效果也不大，如果不搬屋的話，那麼最好出入不要走正門，改由後門出入，那麼情形會好許多。

因為陳先生的住宅是複式別墅式洋房，除正門外還有一後門，與正門大小相若，所以有時他們也會由後門出入。

陳先生聽我那麼說，便問是否需要把前門封閉，只留後門來做出入。

我對他說：「這已不必，只要把前門長期關起來即可。不必動工把它封閉，而且亦不宜動土。」

陳先生聽我那麼說後，再追問還有甚麼方法擋煞。

其實他的住宅只因二五到門而致太太有病，不走正門便甚麼事也沒有，於是我對他說，不必再用甚麼方法擋煞了，總之不走正門便平安大吉。果然他照我的說法去做，不夠一個月，他太太的病痊癒了，而且精神健旺，亦奇矣。

算出申請離境成功

三十多年前與風水名家馬師傅把酒共醉，席間他說了一個故事，頗堪一記：

馬師傅說，廣州市解放初期，在某處一個大笪地的地方，仍有占卜星相者擺檔。那個時候，馬師傅仍在廣州，夜裏有時無聊，也去趁熱鬧，袖手一旁的看人家占卦算命。

話說有一夜，他發現一位容貌清癯的老者，獨處一隅擺檔，標榜六壬數，察言辨色，知是高手。翌夜，馬師傅再去，見他換了另一隅擺檔。以後一連看了幾晚，見他每晚擺檔的地方都不同，心中有異。而馬師傅本人是功力頗高的風水名師，終於發現那位老者每晚擺檔的位置，是循玄空學九宮飛星的道理來擺者。

為了好奇，馬師傅終於忍不住，就在一晚見那老者生意較淡時，即趨前作下馬問前程狀。

據馬師傅說那位老者當時的收費甚廉，大概幾角錢左右。

馬師傅從袋裏掏出潤金後，恭恭敬敬的放在那位老者面前。

馬師傅還未開腔說話，那位老者已經在掐指推算，口中唸唸有詞。

正在馬師傅要開腔說話時，那位老者立即示意馬師傅不要說話，然後對馬師傅說：「你是姓馬的，你來問我是想知道能否去香港。」馬師傅聞言大奇。

話說那位老者竟然算出馬師傅是姓馬的，要問的事是去香港能否成行。已達到未卜先知的境界，不由得馬師傅不感到奇怪。隨着他算出馬師傅過去之事，歷歷如繪，如數家珍，使馬師傅大為嘆服。後來馬師傅終於表露身份，說出自己對風水學亦有研究，兩人由於趣味相投，愈談愈起勁，結果那位老者當晚還提早收檔與馬師傅一同宵夜去。自此以後，兩人結成朋友，甚為相得，過往甚密，正是識英雄重英雄也。

大概這樣過了幾個月後，有一天，那位老者突然來找馬師傅，說昨夜經過一番推算，知道馬師傅現時有一個很好的機會去香港，只要申請，馬上可以成行。馬師傅問應該用甚麼理由申請，那位老者說，隨便用甚麼理由都行。結果馬師傅果如那位老者所言，製造了一個理由說要去香港結婚，向當地的機關申請。

說也奇怪，馬師傅申請書進入當地機關後不夠一個月，就批准了，終於成功來了香港。

而更奇怪的是，過了兩年左右，馬師傅再回去廣州，找到那位老者，問他為何自己又不申請去香港，那位老者長嘆一聲說：「我們從事術數的，要服一條數，我注定在此地被殺的，不能逃了！」結果，到文革時，這位老者果然被折磨死了。

如這位老者，可說是精通六壬數的奇人也。

三叉八卦是否擋煞

在香港，我們經常都會見到有些住宅門外，掛有三叉八卦等的東西。曾經有不少的朋友問過我，這些是否風水，三叉八卦是否足以擋煞等。風水學是有一定的理論基礎的，但並無教人懸掛三叉八卦擋煞等事。

換句話說，縱使屋前煞氣重，解拆的辦法亦須視環境而定，必須先研究這個煞是甚麼煞，所在的方位、屬於何宮，然後可以決定用甚麼辦法去解拆，並非一成不變的。而且，三叉八卦等東西，在正式的風水學來說，並不覺它有何效用。所以，有道行的風水先生，極少有教人使用這種東西的。

但民間過去一直以訛傳訛，認為三叉八卦有制止對面來煞的作用，所以，不少人如果覺得對面的環境不妥，如有屋尖射正，對正兩屋的夾縫，或有迎面而來的道路等等情況，便自作主張的去買三叉八卦來掛在屋簷上，亦無請教風水先生是否有需要這樣做。

上了年紀的婦女特別喜歡這一套，以為是民間風水驗方，其實可以說是完全與風水無關的。

天理在風水變

數不可極，是學術數的人都明白的道理。也即說凡事不可算得太盡，算得太盡往往會得到反效果，水太清則無魚，是天理也。

話說在某地，有一戶富貴人家，姓趙，老太爺死了，留下三名兒子，都已成家立室。長子為人最為自私，分家產爭得最好的田地外，在為老爺下葬時，自動請纓的去請風水先生，寧願自己付款也不肯用原來家裏過去所聘請的風水先生，原來他早已有了計謀，怕往日的風水先生向兩個弟弟透了口風，那就大為不妙，所以，在家庭會議時極力說往日的風水先生功力不夠，要另外再聘一位風水先生，使家運繼續興隆云。

原來，老太爺在世之前，已在該地的某山頭找得一個甚好的穴位，據風水先生云，無論青龍、白虎、案台均甚佳，來水有情，子孫當可昌盛，但立碑十分重要，既可使長房、二房、三房各有不同的平均發展，也可獨旺某一房。

這番說話不知如何讓老太爺的長子聽到，所以，在老太爺死前，這位工於心計及自私的趙公子，便想到要換風水先生的計謀，因為如果讓舊日的那位風水先生立碑，則必然是各房平均發展，一塊肥肉分作三份，在他來說覺得心有不甘，於是暗地裏與自己所聘的風水先生商量，要立碑獨旺長房，還要保守秘密。

趙公子所聘的風水先生，本來是不願這樣做的，認為有傷天理。但趙公子許以重利，這位風水先生結果在利慾薰心之下答應了。

到立碑之時，果然替他立一方向獨旺長房的，而二房及三房則全無氣勢可言，即完全無法食到這穴的風水。

這事辦妥後，二房及三房一直蒙在鼓裏，還以為是兄長熱心，請得風水名家來開線。果然不到三年，長房氣勢如虹，而二房及三房日漸衰敗，漸有出賣田地之舉，開始時長房盡法收購。

在老太爺墓穴對面的案台，原屬一個小島，上面的田地瘦脊，分田地時長房就把它分給了二房及三房。

到二房及三房窮困時，就連那小島的土地也賣，長房見是瘦脊的土地，所以未有收購。

不料問題就出在這裏，有人買得那些土地後，就在上面加蓋房子及挖魚塘等，並遍植一些高大的樹木，結果把案台的風水破壞淨盡。

而長房因最受這穴風水的影響，結果，不一年間，兵敗如山倒，最後終於一蹶不振。而二房及三房因立線不在正向，到八運時東北方水口有利，反而日漸興隆。長房之敗，在算得太盡，自私心太重，終為天理不容。而二房及三房無機心，反有後福。

是亦人算往往不如天算也。

風水催動紅鸞星

有這麼的一個故事，是企圖以風水來扭轉命運，至於誰勝誰負，我也無法定評，只好把過程寫出來讓讀者來評斷。

話說在一九八四年初，有一位姓張的朋友，要我替他的兒子算紫微斗數，他的兒子，是一九五二年出生的，當時虛齡已是卅三歲，但仍未結婚，所以老張十分心急，希望兒子早日成親，以了心願。所以，老張要我替他的兒子算斗數，主要是看甚麼時候兒子可以成家立室。

當日草列星盤後，我就對老張說，從星盤的顯示，他的兒子最快也要到乙丑年

（一九八五年）才能成婚。

老張聽我這麼說後，不久找到一名風水名師看家宅風水，並對風水先生說明，要替兒子催動紅鸞星，希望兒子可以在一九八四年內結婚。風水先生果如老張所言，出盡辦法替老張的兒子催動紅鸞星，而且還對老張說，出現奇蹟的機會是很大的，可能不必等到一九八五年乙丑年。

隨後，老張把過程一五一十的告訴我，說風水先生替兒子催動紅鸞星，如果成功的話，那是破你招牌了！

我隨即對老張說，所謂結婚，是指成家立室而言，如果隨隨便便在歡場找個女子同居一個短時期，那是不算數的。

而老張也說，那當然不算數，而他也不會讓兒子那樣做。

話說過了幾個月之後，老張的兒子果然認識了一位女朋友，而且交往甚密。老張這時沾沾自喜，認為果是風水的力量，亦全心的希望兒子在當年結婚。果然不久，到秋天時，他的兒子說要結婚了，老張自然喜不自勝。

但有一個問題，由於女方準備移民到外國去，正在辦理申請手續，所以不準備正式註冊，只答應老張的兒子可以擺酒宴親朋，也可同在一起如夫婦般生活，就只是不註冊為夫婦而已，要等批准了移民才去註冊。而實質上他們已是夫婦，在親朋戚友眼光中他們也是夫婦。

就這樣，老張的兒子也成家立室了。

而事後，有趣的是，老張問我，這到底是風水改變了命運還是命中注定如此。而到一九八五年，他們就真的註冊為夫婦，斗數也靈驗了。

若說這次是風水與斗數比試，那麼是風水勝了還是斗數勝了，那也很難說。因為斗數認為他們在一九八五年才結婚，但憑風水之力在一九八四年撮合了姻緣，雖未正式註冊為夫婦，但也宴過親朋和同居在一起，過夫妻的生活。到一九八五年，他們才辦正式的手續，註冊為夫妻，卻又應驗了斗數之預言。

這事不少朋友知道，很多人說應屬「和棋兩勝」。因為兩方面都有應驗的地方，亦云妙矣！

風水有力救戲院

在九龍某個地區，住有一位風水名家，對陽宅的風水，有極湛深的研究。

風水名家所住的地方，對面適為一家戲院，風水名家閒來倚在窗欄上，欣賞戲院的人潮，有時也到戲院去看看電影。話說有一天，風水名家閒來無事，與平日一樣倚窗看着對面的戲院，忽然間，他好像有一種預感，覺得戲院有點不妥。於是取出羅經，遙對着戲院來測度，隨着掐指計算，發現對面的戲院，在風水學上來說是七九同到。

在風水學上，七九同到，是會有火災之事發生的。風水名家在計算一番後，發現戲院在不久未來即可能發生火災。

風水名家與戲院的一位經理是熟悉的，當天晚上，他便跑到戲院去把這事告訴他。但戲院的經理認為戲院的防火設備很好，對風水名家之言半信半疑。

最後，風水名家說，戲院可能分別發生兩次火警，第一次情況會較為輕微，但若不加防範及在風水上想辦法的話，那麼，第二次火警就可能十分嚴重。

風水先生並說明第一次火警可能就在月底發生，要戲院經理特別留意。

戲院經理聽他那麼說，就在月底時加強戒備，結果，在月底的某一天，戲院果然發生燒電掣之事，尚幸那時已散場，戲院內沒有觀眾，灌救及時，未有成災。

而戲院經理見風水名家之言果然應驗，他說戲院月底會發生一次輕微的火警，現在果然發生了。同時，由於風水名家預言還會有第二次火警，而第二次火警比第一次嚴重得多。

所以，戲院經理便連夜去找風水名家，把戲院發生小火之事告訴他，更要他在風水上想辦法防止第二次火災。

風水名家想了一會，便對戲院經理說，應該在戲院內震宮的地方設一個小型的噴水池，讓它廿四小時不停循環噴水，那麼火警縱然不能避免，也會是較為輕微之事。

戲院經理果如風水名家所言，在戲院內照風水先生所指定的地方，設一個裝飾用的小型噴水池，每天廿四小時不停的噴水。

風水名家預言他的戲院在相隔兩週左右，會有第二次火警。

戲院經理就在那兩週內，特別加強防火措施，同時每天也注視那個噴水池是否繼續在噴水，更吩咐戲院的員工要小心火種。

到了將近兩週的時間，有一天晚上，在七時半散場而九時半尚未開場，觀眾等待入場之際，戲院的銀幕不知如何突然着火燃燒。尚幸戲院員工對防火早有戒備，及時予以撲滅，但也應了風水先生所說的會發生火警。

而戲院經理也認為此次未釀成巨災，是得到風水解救所致。

醫生不怕病？

我曾經聽上一代的風水先生說過：「醫生不怕病，律師不怕官非。」意思是醫生有病可以自己治理，律師有官非自己懂得如何去訴訟。

其實到今天，這個觀念是錯的！

我記得在二〇〇三年時，有一位朋友業醫的，他在那年年初時搬家，我的一位門生跟他很要好，一天去他家裏看過風水後回來對我說，該屋是六運坐巽向乾（按即坐東南向西北），醫生夫婦住的房間是走坎宮（北）門的，那就是飛星一二同到，當年飛星六入中宮，那麼他的睡房變成是一二二了。

我的門生認為那是「坎流坤位」，妻子會管丈夫甚嚴，但我對他說，還要留心的是防他心臟血管等有問題，這是我問過他的年命而定奪的。最後我教他要在房門入口處掛風鈴或銅鐘，因為若要他搬屋那肯定是不可能的事，那麼只好化解一下，希望能大事化小。

結果，到年中時，那位業醫的朋友果然有一天在醫院突然昏倒，幸搶救及時，後來獲悉果是心血管閉塞，經急救手術救回一命，亦屬不幸中之大幸。學生後來認為是銅鐘之力。

所以說「醫生不怕病」是錯的！

律師不怕官非？

至於說到「律師不怕官非」，那也是錯的！

記得在多年前，有一位業律師的朋友，與我雖然不算很熟，但卻常在朋友的飯局中相見。那時候我精神比現在好，應酬亦較多。

一天，那位業律師的朋友央我替他看風水，是一間在九龍頗舊的房子，五運建成，該房子很怪，是一間獨立屋一分為二，坐向是坐南向北（午子向），朋友要的一間是後半間，這等如向星全遮蔽了。而最差的入門在艮宮（東北），飛星是六七，已經不妙，而後門離宮開一門出後花園，飛星是五六，兩者相加起來，不犯官非才怪！

我把情形告訴那位律師朋友，勸他放棄及切勿住進該屋。

那位律師朋友的反應十分奇怪，他說他一定要住那屋，無法改變的了！

我奇而問其原因，不料所得的答案真的十分奇怪，他說：「我結婚多年，妻子並沒要求過一定要甚麼。只是這房子她十分喜歡，因為有個後花園可供小孩玩耍及騎單車。」

他頓一頓再說：「這麼吧，這房子我是一定要的了，你想辦法替我把一切不好的東西化解一下吧！」

我靜思了一會，然後問他的出生年月日時，即時用手推算紫微斗數，發現他剛好走到天機星雙化忌守事業宮，知道他難逃一劫。而在風水上他又那麼固執，縱使盡所知去化解，效果亦不會很好，除非他肯放棄該屋。

結果，他住進該房子大約半年左右，朋友間已傳聞他有很多問題無法解決。最後，沒有人能找到他，他失蹤了！留下了一大堆的官非疑案。

斗數風水孰為重要？

檢討一下，在這本書裏所說過的故事，大都是與紫微斗數及風水學有關的，其中僅有一兩篇談及鐵板神數。

而因為我經常談論的，不是紫微斗數就是風水學，所以，就有朋友問過我，在術數內，到底是紫微斗數重要還是風水學重要？

答案應該是兩者同屬重要。

紫微斗數雖然只可算出一個人會有怎麼樣的遭遇，而卻少解拆的辦法，但總是清楚的顯示了問題的所在。

而風水學對救困解厄就有一定的辦法，但如果某人算過紫微斗數，清楚問題的所在，再由風水學去解拆，那麼因為有了一個焦點，解拆自然更為成功。

所以，在我所認識的朋友中，不少人相信命運的，大多是先算紫微斗數，發現了有甚麼問題時，再請名家看風水補救，得到的效果每是頗大的。也可說這是兩門術數相輔相成的結果。亦由此可知兩門術數同屬重要。

第八章

術數雜談

審其外形知其星盤對錯

從紫微斗數的星盤中看人的型格，是相當準確的！同時，如果兩者不相配的話，很多時會是時辰上的錯誤，如記錯出生時辰或者有夏令時間忘記減去一小時等。當年的夏令時間，是人工撥快一小時，所以不能作準，必須減去一小時方是出生的真確時辰。否則就往往差之毫釐謬之千里了。

記得在一九八二年壬戌年時，有一位很要好的朋友陳先生打電話給我，希望我能替他的女朋友算命。

陳先生的女朋友是我未見過的，但從星盤的顯示，武曲星在卯宮守命，應屬形小，即身材矮小者，而且說話還應帶點沙聲。

那天我先到，侍者安排我坐在酒家進門之處，不久，陳先生與他的女朋友來了。大出我意料之外的是他的女朋友一點也不矮小，且屬高個子，及坐下介紹時，聽她的聲音也一點沒有沙啞之音。至此，我知道星盤必然有錯，但一時間不知錯在甚麼地方，先問她出生時間是否有減去夏令時間，她說已減去了。後來出示星盤給她看，看一下上面所寫的出生日期，發現是「月」錯了，原來她是三月出生，現在錯作五月出生，為甚麼會這樣呢？原來她的字寫得潦草，三字連筆書寫，她的男朋友把三字看錯為五字，而在電話中告訴我是五月出生。

再排星盤，原來是天同星與天梁守命才對。情況就吻合了。

星曜影響失眠

在紫微斗數來說乙年出生是太陰化忌。如果是乙年出生流年再遇到乙年便成為太陰雙化忌了。

太陰雙化忌是十分重要的，不論它到哪一個宮度，都有一定的影響，只是每個宮度不同，所產生的影響也不同。

在一九八五年，我就替兩位出生於乙年的朋友算過命，第一位是羅小姐，她是乙未年出生的。

替她列出星盤後，知道她的太陰星是化忌在丑宮，當年流年為乙丑年，變成流年的宮度遇到太陰雙化忌。

太陰雙化忌在本宮是表示有憂心的東西或者失眠，就算不失眠也一定睡得不穩和易醒，極難熟睡等。

我於是把實情告訴羅小姐，當時她十分訝異的說：「真奇怪，自從踏入本年後，即經常失眠，夜裏無法睡得穩，只要路上傳來一丁點兒的聲響，馬上便醒來。」

接着她說：「以前工作，從無憂心，但公司今年可能改組，所以一直擔心改組後情況怎樣。可能這點影響睡眠的情況。」

隨着她問我可有甚麼辦法補救呢？但斗數出現這種現象，風水的助力也不大的，於是對她說：「現在距離過年還有半年，到明年，這種現象就會消失了，所以不必想甚麼辦法補救！」

至於另一位朋友，是姓莫的，這位莫先生是乙丑年出生的。

替他列出星盤後，發現他的太陰星化忌星在未宮，當乙丑年，流年在丑宮，太陰雙化忌變了是在遷移宮了。

太陰雙化忌在遷移宮，一般的說法是不利遠行。

而不利遠行也分兩種情況，一種是遭遇到災難，另一種是遇到不如意的阻滯事情。

而太陰雙化忌在遷移宮，是主到外地後並不開心，而且一定無法如期歸來，不是飛機改期，就是船舶改期；又或者一時間無法買得到飛機票或船票等，總有一個問題使人無法準期歸來的，但卻絕對不會遇到意外或不能回來等情況。

我把這情況告訴莫先生，記得當年莫先生想了一會後說，難怪我年初去大陸旅行時那麼多阻滯了。

原來他當年年初曾經到大陸去接洽生意，但耗去了相當時日，一等再等，再經幾度磋商，終無結果，使他感到十分不開心。

到準備回港時，又再因買不到車票而誤期，又要多住了一天。情況與我所說的完全吻合。

紫微斗數除了算命準繩之外，算很多人的生活細節，也有一定程度的準確，可說是一門十分精緻的術數。

斗數算出大秘密

紫微斗數推算一個人的六親情況，如果功力夠的話，是有一定程度的準確的。

記得在多年前，替一位朱女士推算紫微斗數，推算運程、個性、兄弟人數、結婚年齡全部準確，就是只有一樣，我推算她是庶出，她說不對。

本來這位朱女士是庶出應是很容易看出來的，因為父母宮為貪狼星化為忌星相守，且見紅鸞星，這種情況，應該是可以肯定是庶出的。

但朱女士堅持這點是錯的，並說她的母親是父親的原配，父親從來未有外遇，說有兩位母親已經不對，更何況說是庶出。

但推算她過去的運程及兄弟人數卻全部準確，這又如何解釋呢？

這個謎一直無法打開，只有不了了之。

事情過了約半年，有一天朱女士突然打電話來給我，說上次我替她算命所說的東西全部準確，包括說她是庶出之事也準確！

這時我感到十分奇怪，何以她會前言不對後語，當時既堅持自己並非庶出，但隔半年後又突然說自己是庶出的呢？

為了好奇心驅使，我便追問她為何改變主意？她說並非改變主意，而是因為母親月前去世，在彌留時向她透露了一個極大的秘密。

據朱女士的母親說，當年她父親迎娶她之前，本來是已有了妻室，但感情並不融洽，直到遇到她之後，兩人相見恨晚，經過一段時間暗戀中往還之後，竟然相約私奔，一同離開鄉間而跑到廣州市生活，其後再輾轉來港。

兩人來港定居後，生活日有改善，這時朱女士的父親覺得對不起鄉間的原配夫人，常暗中匯錢返鄉，但不知怎樣給朱女士的母親發覺，吃起醋來大發雷霆，禁止朱先生以後再匯錢回鄉。而那年，剛好鄉間歉收，經濟惡劣，不久，傳來消息，朱先生鄉間的原配夫人去世了。到這時候，朱女士的母親心頭雖然放下了大石，但後來鄉間不斷傳來消息說朱先生的原配夫人死得如何慘，是饑荒的時候餓死的，朱女士的母親此後漸有內疚之心，覺得好像自己害了人一命，常常鬱鬱寡歡，又不敢把心事告訴兒女。

直至病重彌留之時，才把這事原本的向女兒說出，以減輕自己的內疚。

至此，朱女士是庶出證明了，可見紫微斗數並無算錯，只是有些地方奇驗，連當事人有時也不知道而已。

官符相照有官非

在紫微斗數中，有一顆很小的星，稱為官符，一般人遇到它的時候，就會有官非之事發生。而最奇怪的是，遇到此星時，如果兼會遇到龍德及奏書，則縱有官非，亦會大事化小，小事化無的。

筆者在多年前，就見過一位任公職的朋友，星盤上那年遇到官符相疊，果然就遇到官非之事，尚幸他的星盤同時遇到龍德與奏書，結果經過官方的一番調查，一場虛驚，終告無事。

話說這位朋友本身是一位公務員，不知怎的涉嫌涉入一宗貪污案，當局在調查他的時候，他來找我算紫微斗數，問是否會有被革職或嚴重至入獄之災。

當日我細看他的星盤，發現雖有官符相疊，但同時見龍德與奏書兩星，故斷定他經一番的麻煩之後，可以沒事的。

因當時我知他的住宅開的是坎宮門，當年六入中，二到坎，是故有麻煩，便教他在入門之處掛一個風鈴，可以更快解決官非的問題。

結果，他依我的話照做了，說也奇怪，這案經一番調查後，因為證據不足，當局決定不予起訴。

這就完全應驗了斗數的顯示，經過了一番麻煩之後，終告沒事。

解官非兩術並用

十年前，本港有一位知名的富商犯了官非，不知是誰教他，他千方百計的找我去替他看寫字樓及住宅的風水。開始時我是一口推卻他的，我對他說我已退隱多年，不問世事已久，故不宜再出手了！

但真的不知是誰教他，他鍥而不捨一而再再而三找我的相熟朋友找我，結果真的給他找到一位與我十分相得的朋友，那朋友對我說：「這次不管如何，你助他一把吧，希望能讓他過了這關，日後你是否再替他看風水，那我不管了。」

結果，我無法不答應，但我再三說明，事情不管如何，絕對不能對外人或傳媒說是我看的，因我當時已準備好移民加拿大，過其不問世事的生活。

他的辦公大樓在港島某區，七運建成，屬巽乾向，走兑宮大門。

當年五入中宮，六到乾，而是年太歲亦適在乾方，不幸的就是因為乾方動土，而六為官，結果他就惹上官非了！

在我再看過他在內裏的辦公室後，我已經心裏有數，知道怎樣去做就有可能解決問題。

記得當日我還替他起了一課六壬數，看看問題結果怎樣。當日是庚戌日占，申時酉將。三傳為亥子丑，課為三奇，發用沖勾陳之巳，所以官司出現於四月，有幸四月之恩赦在未，未為簾幕貴人，落於行年，故得用。再者貴人丑逢於末傳，與月將之酉及勾陳之巳合而成巳酉丑，勾陳之氣得化，故斷定其官司可解。

當日我憑六壬數知此官司可解和其中的玄機之後，再盡力在風水上下些功夫。

該大廈大門在兌宮，與向首六七交劍，必以水解之，此外尚有坤宮為車房入口，飛星是為三五，三碧亦屬是非之星，故以紅色解之，但當年因五入中；二黑又到坤，若僅用紅色，則嫌加強了二黑之氣，故再加一金鐘化之。最後，該大廈的後門因在離宮，飛星是為一三，但該處對面大廈動土，雖有流年飛星之九飛到可解一三，但因對面動土的關係，亦再加紅燈保險。至於其本人辦公室內，亦做了不少的功夫。

結果，此案之結局非常神奇，數月之間案情急轉直下，官司終於圓滿的解決，煩惱一掃而空，是亦兩種術數兼用而甚為傳奇的一個個案。

星象顯示為友出賣

在紫微斗數中，廉貞星是一顆變化頗大的星曜。所以，廉貞星化為忌星是要加以特別注意的。

在很多年前，替一位姓朱的朋友算紫微斗數，發現他流年遇到廉貞星雙化忌進入奴僕宮，在這種情況下，通常就會遇到為朋友所累或為朋友出賣等事，而更嚴重的，可致與朋友發生極大的衝突。

而且廉貞星是屬於桃花星，所以對女性的朋友更應特別小心注意。

當日我把這情況告訴了老朱後，老朱點頭稱是，並說會對陌生的朋友特別小心。

我說何止對陌生的朋友要小心，對相識不深的朋友，也不可過信。

老朱生平是一位頗為風流的人物，亦喜拈花惹草，幾乎每個歡場都有他的舊相好。在老朱知道當年流年有上述的情況時，他在結交新女朋友時就提高了警惕，顯得特別小心，但還是經常與舊好同遊。

在他心目中認為，舊好是認識了相當時日，應該不會有問題，對新知小心點就是了。

結果，在當年接近聖誕時，老朱真的陰溝裏翻船了，就栽在一名相熟的舊好女友手中，弄得幾乎身敗名裂。

而事情的始末，是完全出乎老朱意料之外。

話說老朱有一名舊相好，人稱黑玫瑰，是歡場女子，老朱頗喜歡她，而兩人往還也有相當日子，老朱在她身上也用過不少錢。

黑玫瑰年輕時本是飛女一名，後來年長了漸漸「覺悟」前非，但因教育程度低，始終脱離不了在歡場中打滾。

黑玫瑰在認識老朱之時，本來是與姊妹合租一間房居住，每次與老朱燕好之時，都是到九龍塘的別墅去。

後來老朱覺得經常去九龍塘別墅不大好，於是建議黑玫瑰自己租一個小單位居住，願每月替她付租金。

當時老朱覺得這樣做只是每月多付一點錢而已，但卻方便了自己，不怕如去九龍塘那樣容易為熟人撞見。

黑玫瑰見有人代付租金，自也欣然接納。

但黑玫瑰是一個極不擅理財的人，收入雖豐，卻也經常捉襟見肘。

那年接近聖誕之時，黑玫瑰有一次在澳門賭場輸了很多錢，更借了不少貴利，還不勝還。就在這時被一些黑人物覷中了她的弱點，恐嚇的說如果沒有錢還，就把她賣入妓寨，使她永不超生。但說如果她肯合作，卻有一條生路。那就是大家合作來捉老朱黃腳雞。

結果，老朱就是這樣栽在這歡場女子手中，尚幸老朱財力足，破財擋災，但也應了斗數星象的顯示。

拜師學藝須知

有朋友想學術數，問我應去哪裏拜師學藝，如何可以知道設館授徒的師父確有功力。

我對他說的一番話，似乎應該寫出來讓一般想學術數的朋友知道，免為江湖術士所騙。因為有些江湖術士，自己也不過是一知半解，但為了斂財，也照樣的自吹自擂說成自己是甚麼「大師」，索取高昂的學費來收徒弟。

凡對術數有功力的師父，一般收徒都十分嚴格，並非有學費交就收的，這是千真萬確的事。記得我的師父就曾經對我說過，「登峰造極的地方，每多終年積雪，能成為公眾遊樂場的，多是小丘而已」。

在現今的香港，固然有高人收徒，而「小丘扮泰山」的人亦有，所以，拜師學藝之前，最好能請準備拜他為師的人算一次命，如果他能算出以下四項事準確，則亦可算有功力了：

（一）父母存亡。（是否有異父或異母）

（二）兄弟人數。

（三）婚姻情況。（已婚、未婚或已離婚）

（四）子女人數。

如果上列四項基本的事情無法算得出準確，則說得天花亂墜也沒有用。理論可以有一大籮，要找古書來抄也很容易。但抄也得明白，要知道古書有些甚麼地方印錯，否則只有鬧笑話而已。

各門術數各具本領

中國各門術數中，可說各具本領，有些若非親眼見過，往往是難以置信的。舉例來說，六壬數就是一門很奇的術數。對某一天會發生甚麼事，很多時會達到預知的程度。

筆者有一位十分擅長六壬數的朋友，他就曾親自表演過一次給我看，令人十分佩服。譬如說，他安坐家中，忽然有人按門鈴，他捏指一算，就可知道來人姓甚麼，來找他有甚麼事等，從不錯誤。

有一次，這位懂六壬數的朋友，與幾位術數界的朋友到鯉魚門吃海鮮，當日大家一時興起，以風水學的九宮飛星法與六壬數比試一下，比試的辦法，大家算一下一個小時後，有甚麼人物在大門出現。當時是八時左右，大家捏指算一下九時正之時，酒家的大門會有甚麼人物出現。

結果由一位風水名家與這位懂六壬數的朋友比試，聲明是屬遊戲性質，無論何人輸贏都不准宣揚開去，所以這篇文字不提他們兩人的姓氏，只是以故事的形式寫出來。

話說兩人計算一番後，用九宮飛星計算的風水名家說，九時正，酒家的大門會有兩男一女出現，相攜進入大門。

而用六壬數的朋友又計算出甚麼來呢？

懂六壬數的朋友依樣的捏指算了又算，結果說：「我同意是有兩男一女於九時正進這道大門，但我可再精確一點，兩男一女者，是兩夫婦手抱一個男嬰。」

答案雖是如一，但比前者更為精確了。

結果大家一面吃飯，一面等九時正來臨，看一下兩位名家的計算如何。

到了八時五十五分，還差五分鐘就到九時的時候，大家屏息靜氣的注視着酒家的大門，看出現的人物是否如兩位名家所說的一樣。

說也奇怪，在酒家的時鐘搭正九時的時候，酒家的大門打開了，大家不約而同的站起來想看清楚進來的是甚麼人物。

果然是兩夫婦，男的手抱着一名嬰兒。

大家為了確證此事，於是推舉一人上前，客氣的對這對男女說出比試之事，並問他們是否夫婦，及手抱的嬰兒是否男的，結果答案全對了。

中國的術數，有奇妙細緻如此者，對於六壬數，筆者淺陋，粗知一二，然對九宮飛星的風水學，則略有鑽研，至於如何作上述的推斷，據筆者所知是根據飛星到門屬甚麼卦，再憑卦決定是老陽、老陰或少男等，但飛星推斷到時刻之上，已是十分的細緻了。

斗數算出領遺產

在紫微斗數中，如果破軍星在戌宮守田宅宮，再化為祿星的話，很多時都會是有祖業的人。如果不化為祿星，就要看父母宮的星曜如何了，如果父母宮三方四正有吉星拱照的話，同樣是會有祖業的。

但破軍星在戌宮守田宅宮，如果不化為祿星，父母宮星曜又不吉的話，很多時仍會是有遺產的，只是這些遺產未必來自父母，極可能是來自上一代的長輩，如姨媽或叔父等等，而且準繩度奇高。

筆者多年前曾替一位姓黃的女士算紫微斗數，當時就是發現她的田宅宮在戌宮由破軍星相守，只是未有化為祿星而父母宮的星曜亦不吉，故此，我對她說她可能有機會得到上一輩的祖蔭，但並非父母留給她的祖蔭。

黃女士想了很久之後說：「不錯，我父母確是沒有遺產留給我，但我也沒有富有的親戚，如何會有人把遺產留給我。」

但我說，星象就是如此，我是依書直說而已，而且看來這些遺產會在下一個大限時得到。那時她距離進入新的大限才有一年多。所以，是否準確在兩年後就可知道了。

此後，我已忘記了這事，直到一九八三年（癸亥年），破軍星化為祿星，黃女士有一天打電話給我，說事情的過程真奇怪，果然有人送一筆遺產給她。

據黃女士說，她有一位姑媽住在中美洲的一個小國，與姑丈合力經營一間小店子，夫婦兩人無兒無女，但胼手胝足，也不過僅足溫飽而已，是做夢也想不到他們會有遺產留給她的。

原來她的姑丈於年前中了當地的彩票，為數達廿萬美元之巨，夫婦兩人於生活改善之後，卻不知如何她的姑丈竟然染上癌症，隨着不久就去世了。而她的姑媽在丈夫去世後，不知是否憶念亡夫過切，竟也不久臥病不起。

而她的姑媽由於無兒無女，而在最親的親屬中，也只有在香港的黃女士。她的姑媽在病重時，就委託了律師辦好所有遺產由她的姪女黃女士承受的手續，並同時寫信把這事告訴黃女士，並希望黃女士能到當地一行。

後來事情的發展，是黃女士終於得到她姑媽送給她的遺產，不在話下。而這是黃女士以前做夢也沒有想到的。

而紫微斗數能算出她會有一筆遺產可領，並說明是上一代親人留給她的，居然靈驗了，在黃女士來說，自然覺得紫微斗數高深莫測，並且在親友中宣傳斗數之靈驗。

而我亦得到一次很好的印證，知道破軍星守田宅宮的徵驗。

兒子患了「抑鬱」

大概在一九八五年年初的時候，一位姓張的老友打電話給我，說有一位姓黃的朋友很想認識我，並希望我能替他的兒子算一下紫微斗數。當時我有點感覺奇怪，為甚麼不算他自己，而是希望算一下他的兒子呢？

據老張說因為黃先生知道我並非職業命理家，怕不好意思，所以才說只替他的兒子算，但如果我能替他算一下，他會喜出望外云。

當日相約好時間，與老張及黃先生在某酒店的咖啡座喝下午茶。據黃先生說，希望我替他的兒子算一下紫微斗數，目的是想知道兒子的健康與運程如何。因為他近來覺得兒子的行為有些反常，不單只不若過去之活躍，而且好像患上「抑鬱」似的。既不喜與人談話交往，更往往把自己鎖在房間裏整天不出來，有時進入浴室洗澡，也歷時一個多小時才出來。偶而弄污了手，又會走進浴室裏一洗再洗，也是很久很久才出來。

黃先生覺得兒子的行徑很反常，想與他好好的談一下又覺無法溝通，帶他去看醫生，醫生又說他甚麼病也沒有。所以在無法可想的情況下，就想起替他的兒子算一次命，看看有甚麼原因令到兒子行徑如此之怪。

當日黃先生把兒子出生的日期和時間告訴了我，而我們相約下週同樣時間同樣地點再見面。

黃先生說他的兒子似乎是患上了「抑鬱」，所以普通的醫生無法看出他有甚麼疾病，因為那不是生理上的疾病，而是心理上的疾病。

在我替他的兒子起列星盤後，也發現不到有大問題，只是覺得這個星盤守命的人，較為神經質就有可能，但卻應該不至於嚴重到會發生如黃先生所說的症狀。

到約定再見面的日子，依約我們再去喝下午茶，我就把實在的情況告訴了黃先生。

但黃先生說兒子的行徑確是如此，那麼如何解釋呢？是甚麼地方出了問題呢？

在他說「甚麼地方出了問題呢」的時候，我馬上想起可能與他的家宅風水有關。於是建議他找風水名家看一次家宅風水。

結果黃先生果如我所言，找了一位功力極深的名師看家宅風水，也是通過老張的介紹。

而事後，黃先生打電話給我說，名師說確是他的家宅風水有問題，但又無法改善，故此建議他搬家。而黃先生也接納名師之言，果然不夠一個月就找到地方搬遷了。

說也奇怪，黃先生自從搬家後，兒子也沒有往日的怪異行為，完全正常了。

養鬼仔？

以前有一位擅於占卜的盲公，他用的是文王卦，但斷事奇準。

譬如說尋人，他可說出那人在何方，是否可以找到他等；如占失物，他亦可說出失物是否可找回，及在哪裏可以找到等。

有時有些相當秘隱而不為人知的事，他都能占出來，所以便有人傳說他是靠「養鬼仔」的。

至於他是否真的養鬼仔及有沒有「養鬼仔」這回事我不知道。但我可以確定，你如果精通六壬數的話，同樣有等同「養鬼仔」的功力。

舉例來說，有男子單獨來占問婚姻，憑六壬數可以知道甚麼呢？第一這男子的對象與他的關係如何，是真心相愛還是貌合神離；第二那女子是高或矮或肥或瘦，和是否漂亮也可知道，還有那女子是否正當人家還是風塵女子，兩人是否已經發生了關係，兩人是否可以和洽的相處下去，都可以一一的看出來。

在不懂六壬數的人來看，能有這麼準確的答案，確是神乎其技。而不知六壬數利害的人，自然也就會想起「養鬼仔」這回事了！

半個神仙？

有不少人見我的筆名是「紫微楊」，就以為我只對紫微斗數有興趣和有研究。其實這是錯的，我是對多門術數都有興趣和花過很長的時間去研究的，更由此而知道各門術數各有短長，若能兼通，則每可互補不足。

舉例來說，風水學與六壬數及奇門遁甲同樣可互補短長，因為就算你是精通風水的風水名家，你也只能看到表面的東西，深藏在地底下的東西你是無法看見的。

如有人在現今八運期間，建成一間坐丑向未，巒頭理氣均極佳的房屋，照說理應丁財兩旺才對，但仍不是百分之一百，仍有些你可能無法想像得到的因素影響房子的風水。

舉例來說，屋的地底有枯骨，建屋時沒有發現而移去，這也會影響風水的！

如果你只精通風水，當然肯定此屋是好屋。但若你兼精通六壬數，起一個「三傳四課」來看看，發現原來此屋有「枯骨煞」在其中，可斷定其屋下有枯骨，那你對該屋的看法就很自然的改觀了！

我常對我的門生說，如果你精通紫微斗數，加上風水學及六壬數與奇門遁甲的配合，如虎添翼之外，有如半個神仙也。

結語

《術數述異》是我三十多年前的舊作，亦曾經於二〇〇七年重新修訂再版。現今由天地圖書公司再版發行，實在是十分難得。

書中所述的人生禍福，已是三十年前的事，到近年，由於見過不少案例，便更覺得天數和地數都確實存在，但人的性格，你可說它是人數，天地人三數中之一數，也極為重要，此點就很多人說是性格影響命運，近年見過不少案例，我也認為確有此事，並為《術數述異》此書添一小記！

我見過兩個頗為相似的星盤，都足以成為富貴之造。結果兩人都在中年時飛黃騰達，發達了，但由於兩人的性格不同，一個謹慎謙虛，對人彬彬有禮。另一個則財大氣粗，發迹後囂張跋扈，動不動就把人罵得狗血淋頭，而且為了求財可以不擇手段，甚麼缺德的事都敢做。

至今兩人都已年近六十，謙虛謹慎的至今仍是富有，而囂張跋扈的卻一敗塗地！所以說：小富小貴易盈，災禍準有；大富大貴不動，厚福無疆。一點不錯，至理也！

而且人生中必有得意及失意的時候，失意時韜光養晦，得意時謙虛謹慎。自然可減低人生低潮時所遭受到的破壞，從而保存實力。

所以說天地人三數之中，積德實為極重要的一環。